叢書・ウニベルシタス　873

ニュートンの宗教

フランク・E. マニュエル
竹本　健 訳

法政大学出版局

Frank E. Manuel
THE RELIGION OF ISAAC NEWTON
The Fremantle Lectures 1973

The Religion of Isaac Newton was originally published in
English in 1974. This translation is published by arrangement with
Oxford University Press.

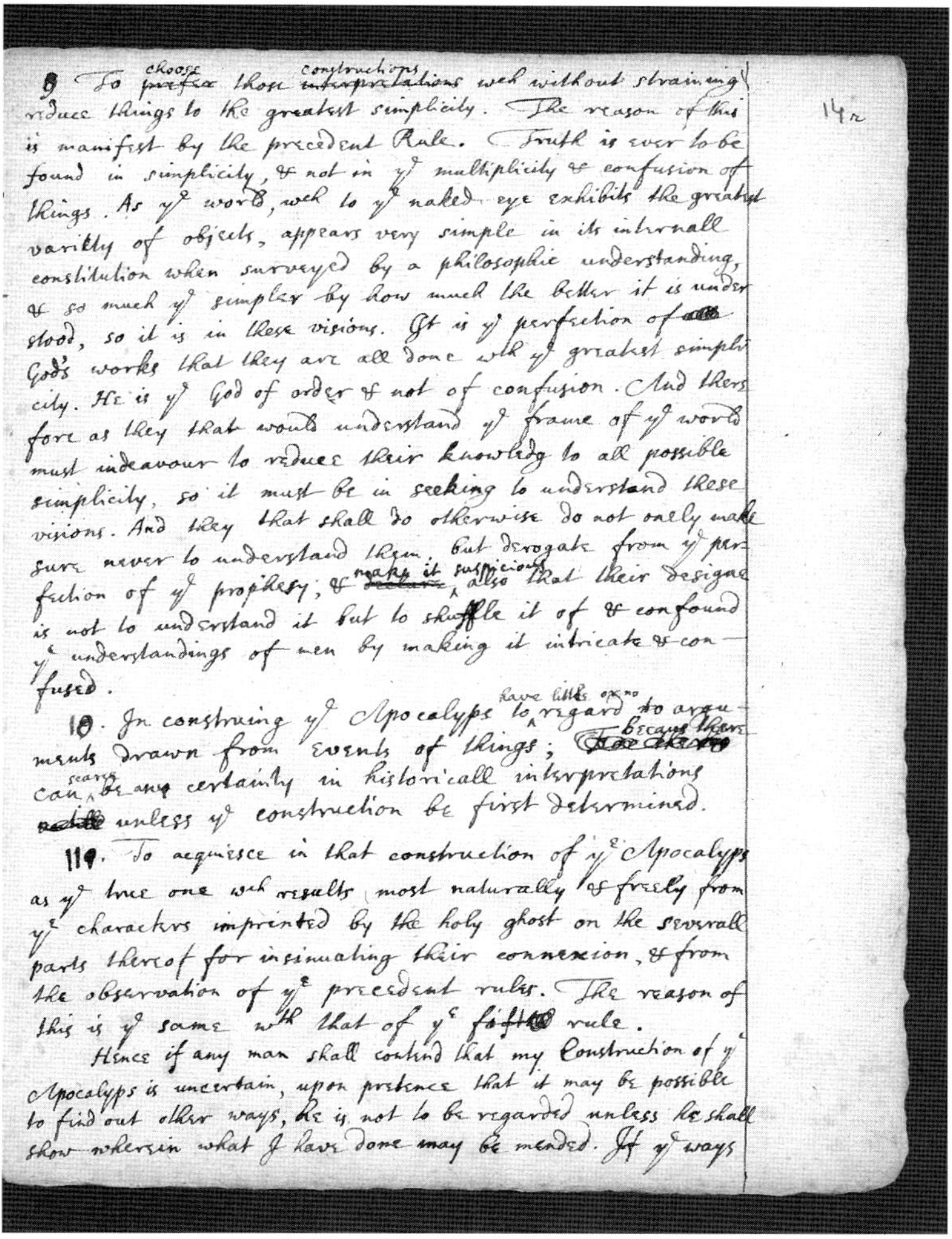

14r

9 To ~~prefer~~ choose those ~~interpretations~~ constructions wch without straining reduce things to the greatest simplicity. The reason of this is manifest by the precedent Rule. Truth is ever to be found in simplicity, & not in ye multiplicity & confusion of things. As ye world, wch to ye naked eye exhibits the greatest variety of objects, appears very simple in its internall constitution when surveyed by a philosophic understanding, & so much ye simpler by how much the better it is understood, so it is in these visions. It is ye perfection of ~~all~~ God's works that they are all done wth ye greatest simplicity. He is ye God of order & not of confusion. And therefore as they that would understand ye frame of ye world must indeavour to reduce their knowledg to all possible simplicity, so it must be in seeking to understand these visions. And they that shall do otherwise do not onely make sure never to understand them, but derogate from ye perfection of ye prophesy; & ~~makes~~ make it suspicious also that their designe is not to understand it but to shuffle it of & confound ye understandings of men by making it intricate & confused.

10. In construing ye Apocalyps to have little or no regard to arguments drawn from events of things; because there can scarce be any certainty in historicall interpretations unless ye construction be first determined.

11. To acquiesce in that construction of ye Apocalyps as ye true one wch results most naturally & freely from ye characters imprinted by the holy ghost on the severall parts thereof for insinuating their connexion, & from the observation of ye precedent rules. The reason of this is ye same wth that of ye fifth rule.

Hence if any man shall contend that my Construction of ye Apocalyps is uncertain, upon pretence that it may be possible to find out other ways, he is not to be regarded unless he shall show wherein what I have done may be mended. If ye ways

ヤフダ手稿 1. 1（補遺A）から第 14 葉表。聖書と自然の共通性として「単純性」を見出すくだり（本書 61 頁，85 頁および補遺 A 150–151 頁参照）だが，こうした考え方はアインシュタインの相対性理論にも引き継がれる自然科学者の美意識となっている。

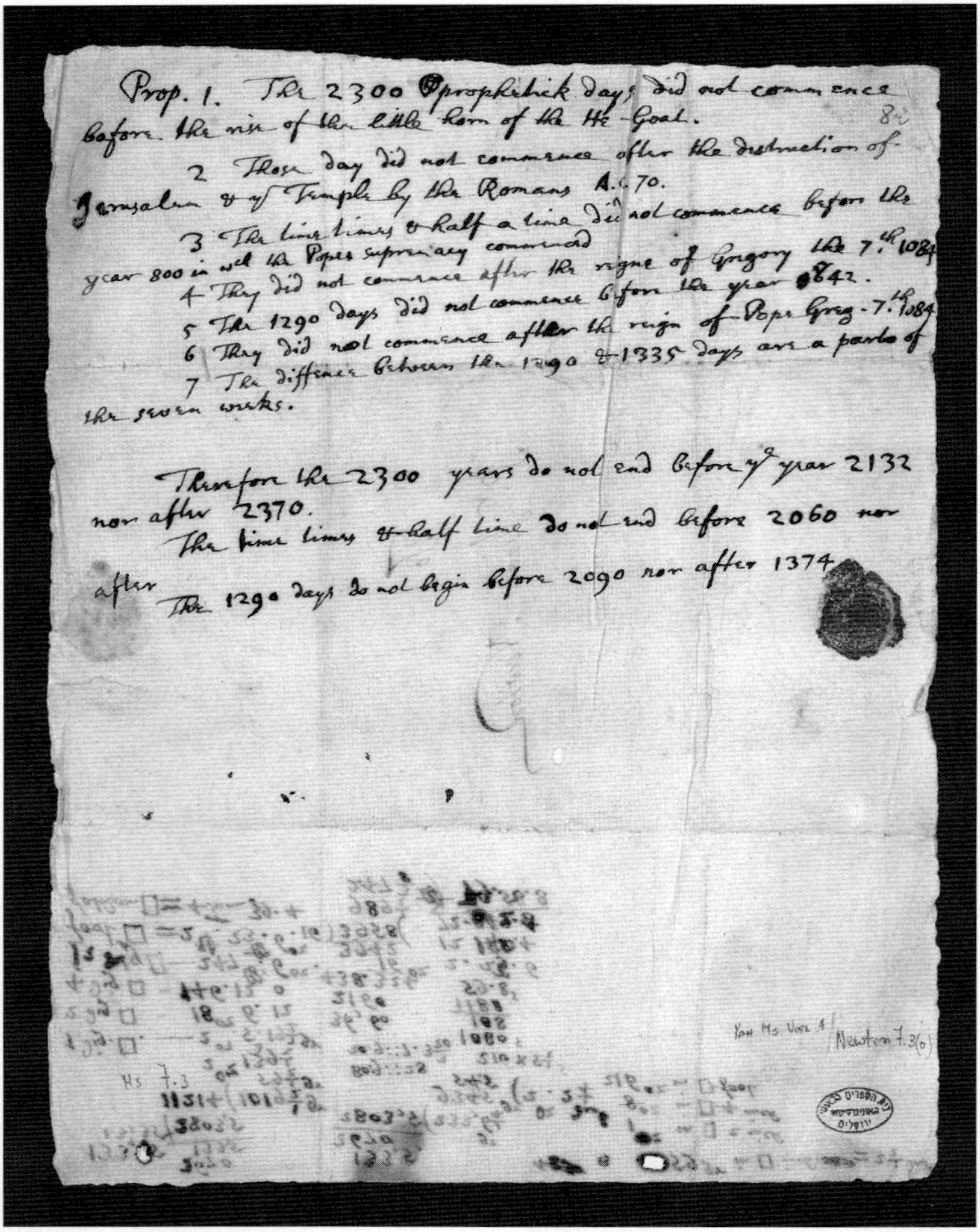
Prop. 1. The 2300 prophetick days did not commence before the rise of the little horn of the He-Goat.

2 Those day did not commence after the destruction of Jerusalem & ye Temple by the Romans A.C. 70.

3 The time times & half a time did not commence before the year 800 in wch the Popes supremacy commenced

4 They did not commence after the reigne of Gregory the 7th 1084

5 The 1290 days did not commence before the year 842.

6 They did not commence after the reign of Pope Greg. 7th 1084

7 The difference between the 1290 & 1335 days are a parts of the seven weeks.

Therefore the 2300 years do not end before ye year 2132 nor after 2370.

The time times & half time do not end before 2060 nor after

The 1290 days do not begin before 2090 nor after 1374

ヤフダ手稿7．3ｏから第8葉表。この断片は本書において言及されていないが，ニュートンが「最後の審判の年」（2060年？）を予言した文書として世界的に話題となった（解説179頁参照）。

目次

序文

フリーマントル講義は一九七三年二月の毎週月曜日に、ベィリオル・カレッジにおいて行なわれたものである。ニュートン文書からの引用を補ったほかは、本書ではその時の講義内容を実質的にそのまま再現している。前年と前々年の春に、たまたま機会を得て、私はエルサレムに滞在したのだが、ユダヤ国立図書館兼大学図書館に収められているニュートン手稿の膨大なコレクションが最近やっと利用可能になったこともあって、それらを調べることにした。本書——これは私にとって三冊目の本で、最後の著書になると思うのだが、これによってアイザック・ニュートンの人物像や科学以外の思想に取り組もうと思っている——は、その大半がこれらの手稿にもとづいている。

これまでに出版した『歴史家アイザック・ニュートン』(一九六三年)と『アイザック・ニュートンの肖像』(一九六八年)の二冊では、数多くの文献を引用し、大量の注も付けた。しかし、今回の講義を出版するに際して、すでに活字化されている資料を再現する必要を覚えなかったので、私は注において手稿の略号を示すだけにした。ニュートン研究の参考文献がどうしても必要な方は、I・B・コーエン、A・ルパート・ホールとマリー・ボアズ・ホール、ジョン・ヘリヴェル、リチャード・S・ウェストフォール、D・T・ホワイトサイドたちの著書にそれらは正確に示されているので、そちらをご覧いただきたい。現代のニュートン研究にどのような欠点があるにしても、文献不足に悩まされるということはない。

エルサレムにあるニュートン手稿の研究用目録はダヴィド・カスティイェホが図書館の手稿担当部のために整備したものであるが、これらの文書に関心のある研究者はみな彼に感謝しなければならない。また、私に多くのご親切を示してくださった、同部門の責任者M・ナダフ博士やスタッフの方々にも篤くお礼を申し上げたい。

二つの補遺はこの講義に追加したものである。それらはエルサレムのニュートン文書に含まれている断片なのであるが、ニュートンがどのような手順を踏んで聖書の預言に「筋道を付け」、また来るべき世について推論を組み立てたのか、これによって読者にも垣間見ていただければ、と思うのである。黙示録に関するニュートンの注釈に私が付けた注解は釈義の古い伝統に従っており、連鎖式抜粋がまだまだ続くものと私は確信している。

テクストの中にはニュートンによる綴りの明らかな間違いや不適切な句読法が見られるが、それらは断りなく訂正しておいた。補遺については、その独特の表現法も含めて、手稿を忠実に再現してある。ニュートンが削除した単語や語句は山括弧〈　〉で括ることにした。*

* マニュエルは特に言及していないが、マニュエルによる補足は角括弧［　］の中に与えられている。また簡単な訳注は本文中に〔　〕で括って記した——訳者。

最後に、この *libellus*〔小著〕をベィリオル・カレッジの学寮長と評議員のみなさん——私はここで一九七二年から七三年にかけてオクスフォード大学イーストマン客員教授として彼らと生活を共にしたのだった——に献げたいと思う。私の肩越しから過去の謹厳な学寮長たちの肖像画に見守られつつ、背もたれのない木製のベンチに緊張して居並ぶ聴衆を前にして行なわれた、ベィリオルの大ホールにおける講義は、忘れることのできない体験であった。ただ、会場の片隅にジョン・ウィクリフがいてくれたお陰で、私の気持ちは落ち着いたのだった。

フランク・E・マニュエル

ニューヨーク市ワシントン・スクェアにて

I　天国にいます父よ

アイザック・ニュートンの宗教論を研究する仕事は神学者よりもむしろ歴史家がやるべきものだとしても、それには釈明が必要かもしれない。運がよいことに、私はニュートンが残した手稿の中に一つの論文を発見したのだった。それは聖書の言語に関するものだったが、その中でニュートンは歴史家による時代区分の方法と預言の書における章立ての体系との間に見られる類似性に注目しているのである。彼は次のように書いている。「何となれば、もし歴史家が自分の書いた歴史を、大して重要ではない変革、少しは大きな変革、きわめて重大な変革など、それぞれの変革が始まった時期または終わった時期を時代区分として、節や章や巻に分けるとすれば、別の分け方は好ましくないことになろう。まして、聖霊による預言的命令に含まれる規則が来るべき事柄の歴史にほかならぬが故に、聖霊がそれらを厳格に語っているものとわれわれが前提するのは当然だからである。(1)」定められた歴史的規準に従って聖霊が働いている領域ならば、われわれ歴史家は馴染みのある地歩にあり、踏み誤ることを怖れる必要はない。ニュートンの宗教論が歴史学的なものであり聖書至上主義的なものであったこと、彼が時々巻き込まれた形而上学的論争は彼の評価の中ではきわめて低く位置づけられていたことが、これからの講義における議論の一つとなるであろうから、哲学者や神学者に負けず歴史家もすぐれた解説者になれるかもしれないのだ。ニュートンの聖書至上主義的宗教論はもちろん退屈なものではなかった。そこには、霊的な儀式や啓示を通じて神との直接的な語らいを求める神秘主義者からほとばしり出たような言葉も見られるし、激しい感情もこもっていたのである——宗教的知識に通じる道、それはニュートンにとって余りにも安易で主観的に過ぎる、真正なものではなかった。

　活字化されたニュートンの宗教的見解は人類に大きな影響を与えてはこなかったし、彼の手稿という証拠——私はこれらを利用したいと思ってはいる——が宗教の再生に某《なにがし》かの貢献をなすのかどうか、私には疑わしい。一八世紀ないし一九世紀には、科学と信仰が両立しうる実例として、イングランドの護教論者たちによって、時に応じてニュートンが引用されてきた。すべての科学者の中で最も偉大な科学者は信仰者なのか、そうした論議は続いたものの、死ぬ運命にある平凡人が偉そうに疑うことなど、どうしてできたであろう。啓蒙期のドイツの神学者たちは、『プリンキピア』の一般的注解においてニュートンが告白した人格神への信仰に大いに傾倒していたし、当時のドイツ語圏における科学の逸材、アルブレヒト・フォン・ハラー〔二〕は、自分自身の科学と宗教の調和を裏付けてくれる権威としてニュートンを恭しく引用した[2]。ほんのわずかではあるにしても、ニュートンの『ダニエルの預言および聖ヨハネの黙示録に関する考察』に触発されて回心した例も記録されている。北方の偉大なる賢者《マグス》、ヨハン・ゲオルク・ハーマン〔三〕は一七五〇年代のロンドンでこの本を偶然に見つけたが、それを読んではたと悟った、と彼は証言に残した[3]。さらに最近では、アレクサンドル・ソルジェニーツィンが、〔旧ソ連〕政府との精神的闘争の中で、ニュートンを同志として復活させている。『第一圏の中で』〔邦訳『煉獄のなかで』〕に登場する人物の一人は、ニュートンの神信仰の誠実さを擁護して、ニュートンを隠れ唯物論者だとしたマルクスの主張に反駁するのだ。しかし、ニュートンの宗教に関心がもたれても、その権力者側からすれば、信仰を広めるための道具としてそれがほとんど役に立たないのは、最初からわかっていたことにちがいない。彼の科学的発見やその発見からニュートニアンたちが作り出したものは、彼自身の宗教的発言とは関係なく、西洋の宗教観を変化させることになったのである——しかも彼に屈辱を与えるようなやり口で。この人物そのものや秘儀的文書と思われている彼の手稿に対する私の寄与は、彼に関するすべての事柄がそれ自体で研究に価するのだという前提にもとづいているが、それは彼が、われわれの好奇心を刺激し、そして正にその存在の故にわれわれの興味をそそる、自然界の不可解な天才の一人であり続けているからである。

　ヨーマンであったアイザックの息子アイザックは一六四二年のクリスマスの日に未熟児で生まれ、一月一日にリンカンシャ州のコールスタワースの小さな古い教会で洗礼を受けた。ほぼ八五年後に、造幣局長官にして王立協会会長たるサー・アイザック・ニュートンは、ウェストミンスター・アビーに設えられた墓に、学界の大御所たちや彼の友人であった著名な主教たちによって運ばれた。一六六一年と言えば、このいなかの少年が初めてケンブリッジに赴いた年であり、その頃の彼は英国国教会を厳格に信仰していて、それは反国教徒のだれよりも聖書を尊び、王政復古期のイギリス青年のどんな信仰と比べても教皇派〔イギリス・カトリック信徒〕や狂信者からの反発をくらいそうなものだったが、こうした信仰は、この科学界の老いたる専制君主の寛容主義〔三〕的信仰——フランス人カトリック神父たちも、悪名高いソッチーニ派〔四〕も、高教会〔五〕の人々も受け入れた〔六〕。ただし、ヴォルテールという名前のフランス人に成り済まして、しつこく訪問してくるベルゼブブ自身との対決だけは、晩年の病気のおかげでうまく免れたが——の中にもまだしっかりと残っていた。生まれてから死ぬまでにニュートンはさまざまな宗教体験を重ねた。彼が神に精通し悪を挫くため一生懸命に奮闘するにつれ、いろいろな宗教的関心事が次々と彼の意識に浮かんできた。神学教義における風向きの変化とも無縁ではなかった。一〇年以上もの間に彼が所属していた国教会は多くの変化を被っていた。王朝が変わり続けていく中で、教会はその長を失い、再建され、危険にさらされ、国教会とされ、そしてもっと強固に国教会化された。教会を支配していたムード(信仰箇条ではないが)も変化した。モラリストと理性論的宗教を目指す謎めいた運動が進んでいる中で、オーガスタン〔黄金〕期の国教会においては、キリストの本質を屠《ほふ》られた者であり罪を贖《あがな》う者とする教義が、時に路傍に打ち棄てられることもあった。英国国教会のヒエラルキーに属する全階級の聖職者の間で行なわれた公開の神学論争や私的な会話の報告が伝えるところによると、一八世紀初頭まで国教会は、今日の通俗解説者ならアイデンティティ・クライシスと呼ぶような危機に苦しんでいた。アルミニウス派〔七〕、アリウス派〔八〕、ソッチーニ派、ユニテリアン〔九〕といったレッテルがやたらと貼られ、表向きの冷静な言葉とは裏腹に、しばしば無関心を装って、あらゆる種類の異端説が黙認されていたのである。

人間アイザック・ニュートンの宗教を調べれば、アングリカン・チャーチ〔一〇〕の一員である彼が教会から最低限要求されていた周知の儀式を表面的にはどの程度守っていたのか、それも検証することができるだろう。いつ、何回くらい彼は教会に行き、サクラメントにあずかったのか。彼は片膝をついて祈ったのか。驚くようなことは、まったく記録に残されていない。ケンブリッジの学生の頃の彼は時折礼拝に出なかった。彼の書記であったハンフリー・ニュートン(親戚ではない)が伝えるところでは、独創的な研究の熱が高まると、ニュートンは「たゆまざる研究」に夢中になってしまい、「祈りの家〔一一〕のことをほとんど忘れていた」のである④。造幣局長官に就任するため一六九六年にロンドンに上る前のことだが、彼が最後の晩餐のサクラメントを受けたことを立証する証拠が存在している⑤。彼は貧しい人々に聖書を配布するため代金を支払ったし⑥、また彼の前で宗教に関して軽率な発言をしようものなら、彼はそれを厳しく非難した。晩年になって彼はロンドン地区に五〇の新しい教会を建設する委員会のメンバーになった。ニュートンの姪と結婚したジョン・コンデュイットは、ニュートンが死の床の中で最期の儀式を願わなかったことにいささか愕然としたが、しかしニュートンの全人生が死後の準備だったのだと考え直して自らを慰めた⑦。

　アングリカン・コミュニオン〔一二〕の将来を左右する、王政復古時代に起こったある重大な出来事において、ニュートンは公然と断固たる――人によっては傲慢と言うかもしれない――態度を取った。アルバン・フランシス神父事件〔一三〕において、国教会に忠誠を誓う宣誓書がなくてもベネディクト会修道士に文学修士の学位を授与する旨を指図したジェームズ二世の親書を根拠として出された命令を、ニュートンはケンブリッジの同僚たちが嫌がっているにもかかわらず彼らに無視させたのである。ニュートンと大学の他のメンバーは、やり手のジェフリーズ卿ジョージが掌理する教会事案審査に関する高等宗務官裁判所〔一四〕に最後は持ち込んだが、卿は副総長を首にし、「立ち去れ、そしてもっと悪い事がお前たちの身に降りかからぬよう、二度と罪を重ねるでないぞ」と脅しをかけ、そのほかの連中も震え上がらせたのだった⑧。

　確かに、ニュートンがロンドンに住んでいた時、彼が選んだ弟子の多くや最も親密な友人たちは宗教について疑念を抱いていた。エドマンド・ハリーやデヴィッド・グレゴリー〔一五〕は信仰を持たぬ人とみなされていた。ジョン・ロックのキリスト教に関する見解は正統派から厳しく批判されていた。愛すべきニコラ・ファティオ・ド・デュイリエ〔一六〕は、血腥《ちなまぐさ》いホロコーストでロンドンが近いうちに破滅するだろうと触れ回った、セヴェンヌ地方出身のユグノー派預言者たちの秘書として活動したことを理由に、さらし台の刑が宣告されたのだった。ニュートンがルーカス講座の後継者として選んだウィリアム・ホイストン〔一七〕は、破廉恥な異端者とみなされケンブリッジ大学を追放されてしまうが、ロンドンの諸教会に騒動を起こし続けた。三〇年の間造幣局におけるニュートンの側近となったホプトン・ヘインズは、彼の書いたものが示唆するところでは、神学で言うところのキリスト人間論者《フマニテリアン》〔一八〕であった。ライプニッツと手紙を交わした時にニュートンの代理人となったサミュエル・クラーク博士は、クラークの方で屈辱的な撤回をした後に主教たちによって事件は却下されたにもかかわらず、反三位一体的教義を広めた廉《かど》で、国教会聖職者会議によって正式に訴追された。ニュートンの晩年の融和神学〔一九〕は、ベィリオルの無謀な異端者を容認してしまうほど、実に懐が深かった。たとえばジェイムズ・スターリングは、スネル奨学生となり、才能豊かな数学者でジャコバイト〔二〇〕となった男だが、ジョージ一世に対する宣誓を拒否して問題を起こし、ニュートンの庇護を最後に受けた一人となっている。

ニュートンから一時の寵愛を受けたものの、公認の国教会にいろいろな形で背いた人たちを長々と取り上げたが、交友関係によって罪悪感はわき起こらなかったし、またニュートンが生きている間は誰一人として国教会の正統性を誹謗中傷することもなかった。教義に関して友人たちが公にしたいかなる声明にも彼は決して名前を連ねなかったし、ファティオが急進的な千年王国信仰をめぐってごたごたに巻き込まれた時も、ホイストンが公然とアリウス主義を認めたために騒ぎになった時も、ニュートンは彼らを突き放した。国教会の聖職者たちに囲まれ育ってきた自分ではあるが、彼らもあながち悪い連中ではないのではないか、自分の部屋にこもったニュートンはそんなことを考えていたように思われる。コンスタンティヌス帝時代における教会人たちのひどい不道徳ぶりに関する覚え書をまとめながら、彼はさまざまな時代の聖職者の比較研究に脱線している。「そして、私がこれらの時代をわれわれ自身の時代と比較していると、私はわれわれ自身の時代がむしろ好きになってくるし、われらの聖職者が美徳の人と見えるだけでなく、はるかに思慮分別に富む人に思われて、いっそう彼らに敬意を払う気になるのだ。熟知していることを低く評価するのが人間の性だ。このことがまた常に、今の時代こそ最悪なのだとわれわれに思わせるようになる。人間は、その堕落した行ないが忘れ去られるまでは、聖人にはなれないのである。(9)」

この種の公然と行なわれた活動や密かに残された証言に、われわれはそれほど魅了されないであろう。公的な場でのニュートンは理性的で従順な人間であり、また、私が知る限りでは、彼が教会の仲間と袂を分かつことはなかった。彼の行動を支えている動機や感情はともかくとして——行動の方は、デヴィッド・ヒュームに言わせると、「もっと大きな困難にぶつかる」のである。

ほぼ二五〇〇年前に死んでしまった人間の宗教的体験を、どのようにすれば再現できるのだろうか。わが隣人の神について、私は本当に何か知ることができるのだろうか。

もし当面の問われわれが視野をせばめて実証主義者を決め込むならば、ニュートンの内面にあった宗教に関しては、われわれの手元には二種類の証拠がある。生きている間に彼が実際に公表した所感や信頼のおける証人たちに口頭か手紙で表明した所感の類、そして宗教に関する手稿の類——百万語以上ある――であるが、後者は活字化されていないし、出版の計画すらないにしても、この資料から歴史家はニュートンの宗教的感受性について推論することができる。宗教的感情を直接的に表現したものはほんのわずかだ――彼は心の奥底に秘めた啓示を打ち明けることはなかった。彼は自伝も「パンセ」も書かなかった。彼は、一七世紀イギリスのピューリタンやドイツの敬虔主義者のように、専門用語やカテゴリーを使ってキリスト体験の指標となるべきものを一切残さなかった。しかし、宗教的情熱の爆発を記録した文書が、公的な形でも私的な形でも、折に触れて残されており、その信憑性にもまったく疑問の余地はない。また、彼は独自に救済の計画も立てていた。素材が扱いにくいにもかかわらず、これらの資料の助けを借りれば、彼の中に生じた宗教的感情の投影を見て取れるかもしれない。

慣例からすると、ニュートンの宗教論は理性論の枠内で検証され、彼が神学教義に関して何を信じて何を信じていなかったのか、あるいは神と自然世界との関係について、時間について、空間について彼が何を考えていたのか、こうした問題に答える命題の形にまとめられてきた。冗漫な議論や衒学的な虚栄にみちた雰囲気の中にいれば、アイザック・ニュートンのような自意識の強い人間たちは、自分の宗教的立場を鮮明にするよう求められ、自分だけの問題だとは思いつつも、キリストに関する自らの信仰や使徒信条と西ヨーロッパのキリスト教社会に存在するその他の宗派や教派の信仰や信条との違いを示し、自分たちが属するアングリカン・チャーチの内部において支配的な傾向との違いも示すことが迫られているように感じたであろう。このような命題はその大部分が、ニュートンが真の信仰にとって危険なものとみなす見解に論駁して書いた文書の中に埋め込まれているが、それらは否定論による自己認識となっているのである。しかし、これらの独断的主張がわれわれに不安を呼び起こしはするものの、そうした命題は彼の宗教論の内容を語り尽くしてはいない。また、空間が神の感覚器官《センソリウム》であることをニュートンは本当に言いたかったのかどうか、といった稚拙な疑問については、これまでにもおそらく論じ尽くされているであろう。

最後に、もしニュートンの信仰心があらゆる面で発揮されているならば、彼の宗教と科学者としての研究との関係が明らかになるかもしれない。彼自身は自分の科学的発見からどのような宗教的真意を引き出したのだろうか。さらに、それほど頻繁に提起されてきた問題ではないが、彼の科学的方法が宗教の問題を探究する彼のやり方にどのような影響を及ぼしたのだろうか。ニュートンが特定の発展段階にある科学世界に生まれたことは自明ではあるが、その一方で、五〇年以上にわたって増え続けた科学的知識をいかに吸収消化していくか、という問題と格闘していたヨーロッパの宗教的社会に彼が生まれたことは時々忘れられてしまい、また、少なくともイングランドでは、新科学と宗教との間の関係を支配してきた確固たるレトリックが発達してきたことも忘れられているのかもしれない。ニュートンはこのレトリックを書き換え、原則的にそれを尊重する一方で、実際はそれを書き直すこともできたのであるが、しかし彼もこのレトリックから完全に免れることは困難であった。

広く知られた活字資料――『光学』の一七〇六年ラテン語版における疑問二〇と二三、『プリンキピア』の第二版と第三版における序文と注解、それにクラークとライプニッツの往復書簡――については *ad nauseam*〔うんざりするほど〕議論が重ねられてきたが、そうした資料の範囲に限ってニュートンの宗教論を考えるにしても、ニュートンの宗教はいささかステレオタイプ化されているように見えるかもしれない。一七二九年、彼が死んだ後すぐに、破門された弟子のウィリアム・ホイストンは、ニュートンが自分自身の名前で宗教に関して実際に公表したものをすべて集め、そしてわずか三一頁の小冊子にまとめた(10)。幸運にも、膨大な量の手稿が遺産として残され、われわれは今やこうした骨格に新しい生命を吹き込んでよいのだ。

宗教に関するニュートンの手稿は、長い間、そのほとんどが世界の注目を浴びてこなかった。現在出版されている主なもので、科学以外の著作の中の、唯一のもの、『修正された古代王国の年代記』はニュートン自身の手で出版の準備がなされていた。『ダニエルの預言と聖ヨハネの黙示録に関する考察』は、ニュートンの死後、彼の甥で、篤信家としては無名だった牧師、パリやローマの芸術家たちと親交はあったものの、この種の文献に好意的とは言いがたいディレッタント、亡くなった叔父が遺した文書で金儲けを考えた男ベンジャミン・スミスによって編集されたものだ。山積みとなった手稿を前にしてスミス師が思い付いた計画では、想像力に富んだ脱線話を無視して、最も退屈で、最も陳腐で、最も常識的な材料が好まれたのだった。彼が一七三三年に出版社に送ったものは、彼の判断で膨大な記録文書から選ばれた些末なものでしかなかった。そして、その後二〇〇年の間、手稿のほとんどが、人目をはばかる労作と信じられ、無欠の科学的天才のイメージを損なわないように、秘匿され、改竄《かいざん》され、無視され、封印されたのである。

一九三六年に行なわれたサザビーの競売でポーツマス・コレクションが売却された際に、科学関係以外のニュートンの手稿はいささか無計画に散らばっていった。しかし、その日以降、一人は著名なイギリスの経済学者、一人はアメリカの証券アナリスト、もう一人は中近東に生まれイェールで最期を迎えた東洋学者という、かなり奇妙なトリオだが、三人の卓抜な収集家たちの熱意のおかげで、手稿の大半はふたたび集められ、特別コレクションとしてイギリスのケンブリッジ、マサチューセッツのウェルズリー、エルサレムで現在は安全に保管されている。また、それぞれのコレクションには、今では、ケインズ、バブスン、ヤフダの名前が冠せられている。今なおばらばらの文書はアメリカの大学や個人のコレクションの中に点々と見つかることがあるし、またグノーシス主義やカバラ(一二)を非難するコメントを交えながら硬貨制度について論じた英国造幣局の記録文書（公文書館所蔵）も存在するが、しかしこれらは主要なコレクションにもとづく結論を著しく変更するものではない。このように広く分散して初めて、ニュートンが宗教について書き残した文書は、実質的にそのすべてが自由に利用できるようになったのである。

　残されているのは、ダニエル書と黙示録に関する四つの独立した註釈、複数の異本を合わせると完成する教会史、預言の言葉を読むための規則、融和神学《イレニクム》に関する多数の草稿、「キリスト預言の年代について」という論文、そしていろいろな時代に現われる異端的キリスト教徒に関するおびただしい数のメモ──同時代の神学研究者たちの著作やタルムード(一三)のラテン語訳や教父たちの著書から何百ページにも及び抜粋したものに加えて、主に神学的テーマが占めている備忘録や、サミュエル・クラークがライプニッツに宛てた返書と関連していると思われるケンブリッジ大学図書館所蔵の文書は言うに及ばず、すべてがこうした類の文書であった。ニュートンが聖書の本文《テクスト》に献身した点においてピューリタンであるとすれば、使徒伝承にきわめて忠実であったかの教父たちの証言を受け入れた点では国教徒なのであって、その教父たちの証しを吟味するのに彼は何年も費やしたのである。今日では「年代記」という分類名が付いている手稿や、「哲学的錬金術」と呼ばれている手稿のいくつかも、一九世紀の目録作成者によって、本来の神学手稿から切り離されてしまった。このような表題も分類もニュートンの考えにはなかったものであり、可能な場合には必ず、私はそれらの間の関係を再構成してみるつもりである。

キングス・カレッジにあるケインズ・コレクションは、ニュートンの「融和神学《イレニクム》、または平和を目指す教会組織」に関する七つの自筆草稿、「真の宗教についての簡単なまとめ」の草稿、九章から成る黙示録註釈のほぼ完全な原稿、そして「アタナシウスとその一派の道徳と活動に関する逆説的な疑問」と題されたアタナシウス批判を含んでいる――これらのほとんどが、その正確さのレヴェルに違いはあるものの、一八五五年にデヴィッド・ブルースターによって出版され、一九五〇年にはハーバート・マクラクランによって出版された[11]。マサチューセッツ州ウェルズリーにあるバブスン研究所付属図書館は、ソロモンの神殿に関する建物図面付き論文のテクストや大量の雑多なメモや教会史に関するさまざまな断片を所蔵している。しかしながら、歴史学や神学に関する手稿、教会史、異教の宗教に関する研究、預言に関する註釈、キリストの本性に関する長い議論などの大部分は、エルサレムのユダヤ国立図書館兼大学図書館に所蔵されている。年代学に関する手稿や「聖書の二つの顕著な改竄に関する歴史的説明」の異本は、主としてボドリアン図書館所蔵のニュー・カレッジ手稿とエルサレムのヤフダ手稿に分離されている。

ニュートンの死後、ソールズベリー大聖堂名誉参事会員で、難解な『キリスト教神学の数学的原理』（一六九九年）の著者であった、彼の友人ジョン・クレイグは、ジョン・コンデュイット宛の手紙の中で、ニュートンが「自然哲学よりも宗教を探究する方を切望していた」と主張した。そして、信頼の置ける記録と思われるものによると、次にクレイグは、彼が生きている間はこれらの文書を出版しないことについての、ニュートン公認の説明を持ち出した。「時に彼の思想が普通に容認されているのとは異なった思想であることを、それらは示していたが、その思想は彼を論争にかかわらせることになるだろうし、このことはできる限り彼が回避してきたことなのであった。[12]」歴史家にはもちろん、フランシス・ホール〔一三〕、フック、フラムスティード、ライプニッツ、ベルヌーイ兄弟、フレ〔一四〕、コンティ〔一五〕、その他にもニュートンの怒りを買った人々などの亡霊が、いまだに抗議をしているのを完全に黙らせることはできない。しかしクレイグにも一理があったのかもしれない。ニュートンにとって、宗教的論争は大きな不安材料であったし、それはいつまでも別の範疇だったのである。

彼の神学文書のうち一篇でも印刷に回すかどうかは、ニュートンが生涯を通じて思い悩んだ問題であった。一六九〇年のある有名な例では、三位一体を証するヨハネ〔第一の手紙五・七〕とテモテ〔第一の手紙三・一六〕のテクストが誤っていることをあばく内容の手紙〔一六〕が、オランダにおいて匿名で出版するためにロックを介してル・クレルの手に渡ったのだが、その時ニュートンは大慌てでそれを回収したのだった。だが、ニュートンは年老いた時多くの文書類を燃やしてしまったが、これらの手紙とほかの多数の神学的手稿は取っておいたのである。多くの手稿が何度も手を入れた完成作品である。いくつかのものは、すぐにでも出版できるように、清書されていた。ニュートンにしては異様におもねった調子で書かれた、「読者に」と題された序文も添えられている。これらの手稿には、時に、ニュートンの出版された作品の中では珍しく、際立った新鮮味や表現のやさしさが見られる。彼は口語体にさえ陥っている。これらの文書に散見される多くの省察は率直な自伝的記述となっており、彼の宗教を理解するために最も参考になる資料の一つなのである。教会内で背教的行為が大量に増えていく歴史を見て、宗教体験を分析する上での自分の心理的読みの深さを誇示するような言い方で、彼は東方の修道士たちをあざ笑っていた。

彼らが宣誓した上で修道士生活に入ると以前よりももっと肉欲に駆られる自分に気付くことが彼らの中では概して不満であり、それをもっと厳しく告白する者となり、そのために徐々に他人よりもさらに遠い荒野に出ていった人々はほとんどすべての誘惑に不満を漏らしたことを私は知っている。彼らがこれについて与えた理由は、悪魔にとって最大の敵であり闘いの相手であった彼らを悪魔が激しく誘惑しているから、ということだった。しかし、真の理由の一部は、法的結婚の禁止によって欲望に火が点《つ》いたこと、一部は純潔の告白やそのことが原因で行なわれる日々の断食が何に対して抵抗しているのかをいつまでも彼らに思い出させることだったが、彼らの怠惰な生活は自分たちの好みに従おうとする彼らを自由気儘にさせることになった。純潔を守る道は淫らな想念と闘うことではなくて、何か仕事をすることによって、あるいは読書をすることによって、あるいは別のことをじっくりと考えることによって、あるいは対話によって、そんな想念を振り払うことなのだ。過度に断食すれば体の調子も悪くなってしまうし、睡眠が不足すると幻覚症状に襲われ、あれこれと想像をたくましくし、そして、激しく断食したこれらの修道士たちが、彼らに肉欲を貪らせようとする悪魔の幻影、その幻覚が本物だとしばしば思い込むほどに生々しい女の霊や別のまぼろしを見たり、彼らの声を聞いたりする状態に達するくらい、次第に興奮状態に陥ってしまう。このように、われわれが誘惑に陥らないよう導いてくださることを神に祈っている間に、これらの人々は軽

率にも自ら誘惑に突っ走ったのである。(13)

修道士たちの生活について書く際に、ニュートンは単に機械的に教会史を引き写ししたり、教父たちの描写をまねたりすることはなかった。彼は誘惑に打ち勝つための自分自身の独自の心理療法的なテクニックを明かしつつ、彼らの体験を再現してみせたのである。彼らを悩ます悪魔のこのような猛攻に対して彼が提案した対処法は、自分のためにしばしば自ら調剤していた薬であった。修道士たちを堕落させ、彼らに迷信をでっち上げさせたのは、彼らが見ていた怠惰で放縦な白昼夢であり、この世における神の活動の研究をなまけた彼らの怠慢であった。これは労働倫理をウェーバー的に説明したものではないし、空疎な観想をヴォルテール流に非難したものでもなく、肉欲という悪魔を寄せ付けないために自らに課した厳しい訓練を、率直にニュートンが自ら告白しているのだ。神の言葉や神の御業を具体的に知ろうと絶えず苦労しながら、邪悪な考えがもたらす脅威を克服することが万能薬なのであった。

ニュートンの手稿をざっと研究しただけでも、彼の人生を、厳格な科学的方法論に固執して、実験を行ない、『プリンキピア』を書き上げた意気盛んな青年期や壮年期と、神秘的なファンタジーを作り上げたり、ダニエル書や聖ヨハネの黙示録に心を奪われた老いぼれの時期の二つの時期に分けてしまうことはまったく許されない――これらは一九世紀の初めにフランスの天文学者ジャン゠バプティスト・ビオ(一七)が最初に広めた伝説なのである。ニュートンによる預言の註釈の中でもいくつかの生気にあふれた稿本は、一六七〇年代から一六八〇年代にかけて書かれたと思われるのだが、それは彼の全盛期であった。彼の神学とつながりのある、世界の年代学や哲学的錬金術に関する研究は、ケンブリッジ大学時代の最初の頃から始められ、死ぬまで続けられた。彼の遺言執行者であるトーマス・ペレットから「ずさんでごたごたした草稿」としてはね付けられ、退蔵されてきた全手稿の批判版を公刊するには、同じテクストの一〇以上もある異文と格闘し、そして信頼できる厳密さをもってそれらの派生関係を確立する意気込みを持った若い世代の学者たちが現われるのを待たねばならない。〔一八〕しかし、おおよその起草年代の決定を試みることは今でも可能であるし、私が述べなければならないことは、その順序にもとづくことにする。

ニュートンの内奥にある宗教を吐露した最初のテクストで、現在も残っているのは、彼がおよそ二〇歳で学生だった一六六二年にシェルトン式速記法で書かれたものだが、これには多くの点で当惑させられる。それは自らの罪、すなわち聖霊降臨日よりも前に犯した四九の罪とその後に犯した九つの罪の告白である。聖体にあずかるよりも前に人が罪を密かに書いておくことは、よく行なわれることだった。しかし、ニュートンが数え上げているような罪を分類してみると、それらのうちでたいていのものは、安息日を破ったとか、俗っぽいことを考えたとか、母親や祖母の言うことを少しばかり聞かなかったとか、学校の友人や妹をいじめたとか、嘘をついたり、ちょっとだましたりしたことのわずかな実例など、ささいな行ないであることがわかるだろう。こうしたおびただしい数の微罪をあげつらっていると、本当の重い罪を隠すために重ねた軽い罪を秘密告解で聞いている司祭を忙殺することになりかねないし、あるいは心理分析患者の観念連想が洪水のように溢れかえって、一番つらくて苦しんでいる患者たちの方を溺れさせることにもなるのだ。

また、ささいな違反行為も山のようにあるのだが、それらをニュートンは整理し、そしてそれらのいくつかを実際に自ら真面目に告発したこともある。母親や義理の父や彼らが住む家を燃やしてしまいたいと思ったこと。自分を殺害してしまいたいと願ったこと。また、汚らわしい考えや夢を抱いたこと、など。しかし、自暴自棄になって自殺したいほど悩んでいたことは、安息日に風呂に入ったとか同室の学生のタオルを使ったなどという告白に比べれば手短にしか書かれておらず、ぶっきらぼうな記述に終始している。私はこの資料を繰り返し読むにつれて、二〇歳の頃に宗教的危機が急激に襲ったのだという、いかなる推測も是認することができなくなった——ジュネーブの雷雨の中でロバート・ボイルを襲った神秘体験《ヴィジョン》のようなものは何一つないのだ。しかしながら、ニュートンは神から疎外される恐怖を八つないし九つの罪として簡潔に認めているのだが、しかしそれらは彼の宗教的状態を明らかにする感動的な言葉でもある。「自分の感情に流されて、あなた〔神〕のお側にいようとしていないこと。自分の信仰に従って生活していないこと。あなた自身のためにあなたを愛していないこと。われらにお示しくださるあなたの善意のためにあなたを愛していないこと。あなたのご命令を望んでいないこと。あなたを切望していないこと。……あなたのお怒りを被らないようあなたを畏れるべきなのに、そうしていないこと。あなた以上に人を恐れていること。(14)」

ニュートンの抜書き用ノートは罪悪感にも猜疑心や中傷にも満ちており、速記による告白と同様、そのまま宗教目的に役立てるつもりなどなかった。ピューリタン的と呼ぶ以外に適当な言葉がないと思うのだが、高潔であること、応報的であること、厳格であること、規律正しさ、そして道義に従い勤勉であること、これらは彼の性格に早くも刻印されていたのである。彼の体内には風紀係が住みついており、かねてより監視者〔神〕の目をずっと気にしながら生きていた。子供時代に学んだ十戒は揺るぎない良心となっており、それは嘘をつくこと、大欲を抱くこと、安息日を守らないこと、利己的な野心などを命にかかわる罪とし、またどのようなものであれ敵意を表わすことも自制心を失うことも禁じた。ニュートンは聖書の禁止命令を生真面目に受け取ったのである。彼の神は *dominus deus*〔主なる神〕、*παντοκράτωρ*〔パントクラトール、万物の支配者〕、*Imperator universalis*〔万物の支配者〕、戒律を授けた統治者であり、僕《しもべ》としてその命令に従うことが自らの義務であった。人生の最初から最後まで、ニュートンの宗教は戒律に従う宗教であり、そこでは救い主キリストの恵みは役割的に後退している。世紀の変わり目の頃、アングリカン・チャーチにおいて支配的であった精神は、ニュートン個人の宗教ほど禁欲的でもないし、要求が高くもなかった。説教は、自己満足に陥っている教区民たちが安心できるように、理性主義の立場から、彼らの信仰が戒律を大して必要とせず、信仰の重荷もつらいものではないことを再確認するものであった。対照的に、七一歳のニュートンが『プリンキピア』の一般的注解の中で公にした信仰告白、それは一六六二年に若き日の彼が告白してから半世紀以上も後に書かれたものだが、その根底に存する戒律は過酷なものであり、人生を通じて苦痛を伴う偏狭なものでもあった。バークリーやハルトゼカー〔二九〕やライプニッツたちが華麗な形而上学的議論を並べ立ててニュートンの体系に見え隠れする非宗教性を言い広めていた時、ニュートンは、ユダヤ教的信仰やキリスト教的信仰にその大本がある素朴な言葉で、戒律を授けた人格神への信仰を公言したのである。ウィリアム・ホイストンによる『プリンキピア』の第三版の抜粋訳は、第二版の表現を交じえながら、一般によく引用される英訳版よりもはるかに的確に原文本来の味わいを伝えている。

この存在者はすべての事物を、世界の霊魂としてではなく、万物の主として支配している。そしてその権威の故に、彼は主なる神と呼ばれ、あらゆるものの上に君臨する。というのも神という言葉は相対的な概念であり、僕《しもべ》たちと関わりを有し、そして神性とは、神を世界の霊魂とする人々が考えるように、神自身の体を（霊魂のごとく）支配するのではなく、僕を（統治者のごとく）支配する神の権能のことだからである。至高の神は永遠であり、無限であり、絶対的に完全なる存在である。しかしいかに完全であろうとも、権威のない存在者は主なる神ではない。というのもわれわれは、私の神、あなたの神、イスラエルの神、神の中の神、主の中の主、と言うからである。しかしわれわれは、私の永遠なる者、あなたの永遠なる者、イスラエルの永遠なる者、神々の中の永遠なる者、とは言わないからであり、われわれは、私の無限なる者、（あなたの無限なる者、イスラエルの無限なる者）とは言わないからであり、われわれは、私の完全なる者、（あなたの完全なる者、イスラエルの完全なる者）とは言わないからである。なぜなら、これらの言葉は僕とはなんらの関係もないからである。神という概念はきわめて頻繁に主を意味している。しかしすべての主が神である訳ではない。霊的存在の権能がその者を神たらしめるのである。真の権能が真の神たらしめ、至高の権能が至高の神たらしめ、想像上の権能が想像上の神たらしめる。そして彼が真の権能を有することから結果として、真の神は生ける者となり、知的な者となり、力強い者となる。彼の他の完全性から結果として、彼は至高の者あるいは最も完全なる者となる。(15)

これは形而上学的な神ではなく、人格的な神の力を深く感じている信者の遺言である。*dominus*〔主〕

が彼にのしかかっていたのである。

ユダヤ教やキリスト教のように家父長制的宗教においては、神と父親は儀式的に同一視される。ニュートンは父親が亡くなった後に生まれた子供であった。彼が生まれた時、彼の父親は二ヵ月前に死んでいた。父なし子の幻想世界は二〇世紀文学や臨床医療において探究されてきた。これらによってアイザック・ニュートンについて特に何かが証明された訳ではないのだが、こうした探究は父親の死後生まれてきた子供たちの想像力や感情体験に光を当て、またその生涯を通じて父親を追い求める彼らに光を当てることになる。多くの民族の民間信仰では、父なし子は病気を治す力を授かっていると信じられていた。ニュートンが洗礼を受けたコールスタワースの小さな教会の牧師が何年も前に私に教えてくれたところによると、その地方に住むいなかの人間は、父なし子は大きな幸運に恵まれている、という信念を今もって捨てないそうだ。似たような前兆はクリスマスの日に生まれた人たちにも付きまとっており、ニュートンの最初の伝記を書いたウィリアム・ステュークリー博士も、この主役《ヒーロー》に訪れる偉大な未来の前触れとして、こうした伝承について注を加えたのであった。

すべての子供は自分の出自を知りたがるものだが、そうした質問を包んでいる感情は激しさの度合いにおいて異なっている。ボドリアンのニュー・カレッジ手稿はエウヘメリズム的に解釈〔三〇〕された異教の神々の系譜や何代も続いた王朝の系譜、それと英雄の家系をたどったもの——これらはすべてニュートンの歴史学的および年代学的研究に十分集約されている——だが、これに目を通していると、彼の出自へのこだわりに圧倒されるであろう。最近の研究は、家族と王国と文明の歴史上の出現について情熱的に行なわれた探究が失われた両親を見つけたいという悲痛な願望と関連しているのではないかと、その可能性を示唆してきた。しかし、そのような類比に納得できず、ばかばかしく思う人たちもいるだろうが、彼らを納得させる意図はそこにはない。

ニュートンがナイトに叙せられた時、彼はヘラルズ・カレッジ〔英国紋章院〕に家系図を提出しなければならなかった。彼自身の手元に——エルサレムに、マサチューセッツ州ウェルズリーに、ケンブリッジに、テキサス州オースティンに、また別の保存場所を知っている者の手元に——残った写しの数が、この文書を準備していたニュートンを絶えず不安が襲っていたことを証明している。エルサレムにある系図では、彼は両親の結婚を一六三九年のこととしたが、その途端に一六四二年の、彼が生まれる七ヵ月前に結婚式が行なわれたことは記録上の問題となるのだ。おそらく彼は自分の嫡出性について悩んだのだ。彼は父親のことも父親の父のことも、評判以上のことは知らなかった。父たちは彼がこの世に生まれ出る前に死んでいたのである。ほかの捨て子たちと同様に——捨て子というのは彼の精神的状態を適切に表わしている——彼は彼自身にとって見知らぬ祖先、しかも貴族の遠い親戚さえもでっち上げた。父親とその出自にまつわる謎はヘラルズ・カレッジに正式文書が提出されても解けなかったし、心理状態に違いはあったが調査は彼の生涯を通じて続けられたのである。ニュートンは天国の御父について特別に悲痛な想いを抱き、そして御父のことを知りたい、御父から愛のまなざしで見られたい、御父に従い仕えたいと強く願っていた。先祖に対する感謝の気持ちは人類の心の奥底にあるものであって、子供にはその恩義に報いようとすればさまざまな方法がある。しかし、顔も見たことのない父親の要求はぼんやりとしていて、飽くことなきものなのである。自分の父親のことをニュートンは知らなかったし、子供のアイザックは父親から一かけらの愛情も受け取ったことがなかったから、この父親と同化していた全能の主を喜ばせ慰められたのか、彼は決して確信することができなかった。

アイザック・ニュートンにとって神学的疑問は、子供時代の幼い頃の体験にさかのぼる個人的感覚を帯びていた。真の神と偽の神がいるように、真の父親と偽の父親がいたのである。バーナバス・スミス牧師のことをニュートンはお父さんと呼べと強いられたが、彼は実父ではなく継父であったし、ニュートンが三歳くらいの時、彼はニュートンの母親と一緒に住むべく近くの教区に連れ去り、一人の異父弟と二人の異父妹を儲けた男であって、そのような人間は偽の父親の典型であり、宗教的ペテン師かつ偶像崇拝者の典型であり、また形而上学的嘘つきの典型なのであって、ニュートンは猛烈に彼を痛罵したのである。聖書釈義はタルムード学者《ラビ》や教父や中世の註釈学者やプロテスタントの神学者たちが発展させてきたものであるが、ニュートンは自分もこうした伝統的道具の使い手であることを示そうとした——これは彼の宗教研究の学問的側面であり、また私はこうした研究を無視も過小評価もしたくはない。しかし、自分に一度たりとも目を向けてくれなかった真の父を探し求めた痕跡もまた、彼は残しているのだ。

ニュートンが自分と神との特別なきずなを意識していたことや、自分のことを神の創造に関する究極的真理のヴェールをはぎ取る運命にある男と考えていたことは、彼が書き残した文書のどこを見ても、それほど多くの言葉を費やして語られてはいない。しかし、この内に秘めた信念の特異な兆しは、予想もしなかった所から生じてくる。一度ならずニュートンは *Jeova sanctus unus*〔聖なる唯一のエホヴァ〕をイサークス・ネウトヌスのアナグラム〔三二〕として使っていた。[16]『プリンキピア』第二版のニュートンの自家本に綴じ込まれた間紙には、自分自身と神の対比が行を連ねて述べられている。「私は生涯を通じてその感覚のあらゆる器官において一にして同一のものである。神はいつでもどこでも一にして同一のものである。」[17]（第三版においては、*Ego*〔私は〕は *omnis homo*〔すべての人間は〕に変更されている。）後の講義で論じるつもりだが、ニュートンの神学ではキリストが格下げされ、そうすることによって自分自身が代わりの人間となる余地が生まれてくるのだ。もう一人のアイザック〔イサク〕はかつて神の手によって直接助けられたことがあり、また教父文学の中ではアイザック〔イサク〕はキリストの予表であった。アレクサンダー・ポープは気付いていなかったかもしれないが、神との親密な関係を感じ取っていたニュートンにとって、彼の流麗な二行連句は自分の気持ちを見事に表現してくれているのだった。人類に対して「自然と自然の法則」の啓示があったために、創造を新たに行なうには神の配慮が必要となった。「神は言われた。ニュートンあれ！」無量の知識が彼によって明らかにされたことをもって、神が彼を選んだことは経験的に証明されたのだった。ニュートンが『光学』の中で疑問を未来の科学者たちの課題としておいたことは事実であり、またある手稿の中では預言に関する自らの読み方も細部においてさらに完璧を期す必要のあることを彼は認めている。[18] しかし本質的にはニュートン以降に、科学においても、聖書の解釈においても、世界史の年代学的に確実なパターンを決定することにおいても、預言においても、明かすべきことは大して残ってはいなかったのである。

おそらく、神の営為を知ろうとしたニュートンの強い願望を、相見《あいまみ》えることのなかった父親を知りたいという切なる思いに変形させてしまうと、ニュートンの願望は懐疑論者にとって理解しがたいものとなるだろう。しかし、一七一三年の『プリンキピア』第二版において公にした告白〔一般的注解〕のみならず、特に教会史や教義を論じた手稿の中で語られている数多くの余談――これらは、神の抽象的な属性の行き過ぎた強調に対して攻撃を加え、形而上学を斥け、また統治者としての神を称賛しているなどの点で、この有名なエピローグ〔一般的注解〕をほとんどそのまま先取りしていた――が、ニュートンが神を求めて止《や》まぬ者たちの一人であることを裏付けているのだ。そのような人間は自分独自の使命は神によって決められたものと思っていて、喜んで神に服従し、自らのつとめを果たそうと、常に苛酷な神の御前にあって生きているものなのである。

ライプニッツやその一派からニュートンは神の全知全能を軽視していると非難されて、世界に関する自分の体系を擁護しようとするのであるが、その時のニュートンが我知らず神学手稿の山のような束に慌てて手を伸ばし、それらの中から目的に合った宗教的レトリックを持ち出したのかどうか、それは私には疑わしいと思う。こうした可能性を全面的に排除している訳ではないが、私はむしろ、どんな偉大な人でも強迫観念に襲われるとやってしまうように、こうした余談も彼が独りで何度も繰り返していた常套句であり、また彼が宗教的弁護論を書く必要を覚えた時、それらが自然と彼の脳裡に浮かんできたのだと信じたいのである。そして、手稿の中の別の文脈においてそうした常套句はしばしば反復されているのであるが、その結果として一般的注解の最終的主張もライプニッツとの悲喜劇的闘いに単に付随して生まれた *pièce de circonstance*〔事情が生み出した作品〕のレヴェルを超えているのである。「かつて聖人たちに告げられた信仰について」と題された断章において、ニュートンは書いている。

もし神を *ὁ παντοκράτωρ*〔ホ・パントクラトール、万物の支配者〕全能者と呼ぶならば、それがわれわれに服従を仕込むために万物を支配する抗いがたい君主的な彼の力のことを主に意味しているが故に、彼らは形而上学的な意味でそれを無から万物を創造する神の力とみなすであろう。というのも、使徒信条の中では、われは信ず、唯一の神、全能の父を、という言葉の後に、天と地の造り主を、という言葉が前の部分に含まれないように付け加えられている。もし父または子が神と呼ばれるならば、彼らはその名前を、まるでそれが無限で永遠で全知で全能の神の形而上学的な完全性を表わしているかのように、形而上学的な意味で解するであろうが、それはわれわれに従順を教え込もうとする神の支配にのみ関係しているのである。神という言葉は相対的なものであり、主や王と同じようなものを表わしているが、しかしもっと高い位置付けにある。われわれがわが主、われらの主、あなたの主、王の中の王、主の中の主、至高の主、この世の主、主の僕たちと言い、ほかの主たちに仕えるように、われわれはわが神、われらの神、あなたの神、神の中の神、至高の神、この世の神、神の僕たちと言い、ほかの神々に仕える。しかしわれわれはわが無限の者、われらの無限の者、あなたの無限の者、無限の者の中の無限の者、この世の無限の者、無限の者の僕たちと言い、ほかの無限の者に仕えるとは言わない。使徒〔パウロ〕が異教徒たちに彼らが崇拝する神々は神ではないと言った時、彼はその神々が無限の者であると言うつもりではなく、（というのも異教徒たちは彼らの神々をそのように解していなかったから。）使徒は彼らが〔三二〕何の力もなく人間を支配してもいないことを言おうとしたのである。彼らは誤った神々であって、誤った無限の者ではなかったが、虚しい存在が力を持ち人間を支配していると誤解されたのである(19)。

ニュートンは自らの神に対して抱いていた感情を、列王記下一七・一五、一六についての注解という、全面的に設定を変えた形で感動的に書下しているが、それは一般的注解において神の支配と意志を強調し、また神の属性あるいは本質ではなく、神の営為を強調したことと対になっているのかもしれない。

その永遠性、無辺性、全知性、全能性のゆえに神を称えることは、実に、崇高なことであり、そして力量に従ってそうすることはあらゆる被造物にとって義務なのであるが、しかし神の栄光のこの役割はそれとしてほとんど人間の理解力を超越しており、かくしてそれは神の意志の自由からではなくその本性の必然性から生じる……存在者のうち最も賢き者はその本質のためよりも、むしろ自らの善き意志と欲求に従って創造すること、保護すること、万物を統治することといった、その営為のために褒め称えるようわれわれに求めた。彼がいつもその営為において発揮する知恵や力や善性や正義は、彼が大いに重んじ、……ささいな事に至るまで……心を注いでいる彼の栄光である。[20]

教会史草稿の別の個所では、いかなる神の形而上学的定義であれ、彼は攻撃を加え続けた。

なぜなら、神という言葉は神の形而上学的本質ではなく、その支配力に関係しているからである。それは相対的な言葉であり、そして神の僕としてのわれわれに関係があるのだ。それは主や王と同義の言葉であるが、しかしもっと高い位置付けにある。なぜなら、われわれがわが主、われらの主、あなたの主、別の人たちの主たち、王の中の王、主の中の主、別の主たち、主の僕たちと言い、ほかの主たちに仕えるように、われわれはわが神、われらの神、あなたの神、別の人たちの神々、神の中の神、神の僕たちと言い、ほかの神々に仕える。[21]

神の営為を研究し調べ上げることに絶えず従事することが、真の崇拝であり、統治者の戒律を遂行することであった。いかなる神秘的な瞑想もなかったし、悪魔の幻覚の攻撃に自らをさらすことも一切なかった。宗教的熱狂を論じた精神病理に関する文献は一七世紀には膨大な数にのぼっていたし、ニュートンは、その名称は知らなかったにせよ、基本的な主義主張は受け入れていた。神の葡萄園ではたらけば悪は近づかなかったし、また労働は、形而上学的な体系や抽象的概念をでっち上げることではなく、「虚しいお喋りや科学のライバルを僭称するもの」[22]にふけることでもなく、自然や聖書の中に真実の事物を探ることを意味していた。もし神がわれらの統治者であるならば、神は働き従う僕《しもべ》を望むであろう。

ニュートンには自らの神との関係を、神の愛を感じることを通しては、直接的であれ仲立ちがあるにせよ、築くことはできなかった。愛も、恵みも、憐れみも、ニュートンの宗教的文書においては重要な役割を果たしていない。統治者としての神の意志を知るために探究を続ける彼の前には、二つの道だけが開かれているのである。物的自然界における神の営為、すなわち神の創造の研究であり、そして聖書の中に言葉で書き留められた神の戒律の記録の研究であるが、それらは両方とも客観的に、歴史的に実在するものなのである。なぜ物的自然界において神の意志があのようにではなく、むしろこのように示されたのか、なぜ神があの戒律ではなく、むしろこの戒律を発したのか、われわれにはその理由はわからない。われわれに知り得るのは、神がそうしたのだという事実だけであり、またわれわれはそこにもたらされた結果に驚くばかりであり、それらを研究することができるだけなのである。

ニュートンの神学研究や錬金術や年代学や神話研究が一体を成すものとして検討され、彼の科学と比較して論じられるようになると、その絶頂期にあった彼は自分自身のことを、時代が成就する前夜に生きながら、神の意志のはたらきを解釈する最後の者とみなしていたことがいっそう明らかになった。同時代人の中にあって彼は神の永遠の真理を伝達する者となったのだが、それは彼が新しい数学的記法や実験方法を用いることによって、昔の国々に存在した神官にして科学者である者たちの知識やイスラエルの預言者たちの知識やギリシャの数学者たちの知識や中世の錬金術師たちの知識を結集させたからなのである。彼に許されないものは何もなかった。ニュートンは自分が古代の伝統の一部であり、革新者であるよりもむしろ再発見者であることをしばしば主張したが、それはさまざまに解釈できる余地がある。[23] 一七世紀の終わり頃に属する『プリンキピア』への注解の草稿において、いかなる古代哲学者たちも物質の原子論や真空の概念や重力の偏在性、さらには逆二乗の法則にさえも固執していたという、自らの信念を詳述している。部分的にはこれは神話のエウヘメリズム的解釈であった——すなわち、ギリシャの神々と半神半人の多くは実は科学者であった、という類の解釈なのであった。歴史学用語で表わすならば、それは知識のルネッサンス的伝統に見られる主なトポス〔常套的な考え方〕の遺物であり、また古代の知恵に対する尊敬の念であった。しかし、この信条からしても、ニュートンの最も深遠な宗教的感情——われわれはこれから始めたわけだが——に関する病因論にわれわれは連れ戻されるのかもしれない。発見することに憑かれた自分には天罰が下るのではないかとびくびくしていたために、まるで父なる神を鎮めるために行なっているかのごとく、自然の中に隠されていることを明るみに出してはならないという禁を犯すどころか、彼以前の古代人たちが知っていたことを自分は単に別の言語で表現しているだけなのだ、と彼は親友や自分自身にも断言したのである。

神が創造した宇宙の究極的な秘密を解き明かしたと人が信じることとそれを疑うこと、メシアであることとある者が塗油によって聖別された者であること〔キリスト性〕に疑念を持つこと。それは預言者の宿命である。自分が神により選ばれた者であり、奇跡的に守られているのだというニュートンの信念には、自分が無価値であり、御父である神の怒りを買うのではないかという恐怖が付きまとっていた。このことは、世界の偉大な天才の一人を、その苦悩する偉大な人間の一人にも仕立て上げたのである。

II 神の御言葉と神の御業

現在エルサレムに所蔵されているニュートンの神学関係の手稿は、かつてアルベルト・アインシュタインも見たことがあった。彼がそれらを見たのは一九四〇年九月のことであり、その頃すでに黙示録的計画〔マンハッタン原爆開発計画〕に加担していたにもかかわらず、彼はわざわざ手紙を認めて、ニュートンの *geistige Werkstatt*、つまり彼の「霊的な創造の場」に対する理解を深めてくれた、それらの論文を称賛したのである。(2) その一方で、科学史を刷新したかの巨星ジョージ・サートン〔二〕は、あからさまに冷淡な態度を取った。医療関係者がマイモニデス〔三〕のラビ風の著作に関心がないように、科学者として彼もまた自らニュートンの非数学的研究にもはや関心がないことを宣言したのである。(3) ニュートンの神学文書に対する、このような対極的な反応は、歴史的偶然の面白さに止まらないかもしれない。というのも、科学革命の平穏な時代に出始めた恐るべき疑義が、そうした反応から素朴で、瑣末な形でふたたび持ち上がるからである。独自の法則に従ってはたらく人間知は自律した領域たり得るのだろうか。科学として知られている活動を科学者の心の中に封じ込めることは可能なのだろうか、また深まる興味に知的欲求が一線を越えてその縛りを解かれた時、〔科学的〕活動の自由と独立を保つことは可能なのだろうか、と。

一七世紀において、科学と宗教はどのような関係にあるのか、あるいはどのような関係にあるべきなのか、両者の関係について明確な考えを持ち合理主義的であった人々は、二つある方向のうち一方に傾きがちであった。科学の中立性、独立性、自律性の思想を発展させようとした人々は、聖書という書物も自然という書物も共に自らの全知全能を顕示するために神が創造した書物ではあっても、性格が異なるために別々にしておく方が望ましいことから、この二冊の書物というメタファーが象徴する見方に立つようになった。自然を書物のように読むことは、詩篇の作者〔ダヴィデ王〕が天界の巻物を広げ歌って見せたように、聖書もすでに許しているのである。二冊の書物というメタファーは、ベーコンやカンパネッラといった新しい哲学を鼓吹した者たちと、ケプラーやガリレオといった敵だらけの天才たちに共通するものであった。その世紀の末になってもまだ、「宗教と〔自然〕哲学はあくまでも峻別されるべきものである。われわれは神の啓示を〔自然〕哲学に持ち込むべきではないし、哲学的見解を宗教に持ち込むべきでもない」というニュートンの自戒には、このメタファーが内包されていた。別れよ、しかし同じであれ。この神の言葉のかたわらにケプラーは神の指を見、ガリレオは手を見、そしてニュートンは腕を見たのである。指から腕へと変わるこの擬人化、私には今もって不可解なのだが。

別の道に向かう人々もいた——キリスト教信仰と異教のアリストテレス哲学とを昔のスコラ学風に統合する代わりに、科学や宗教を新たに、有機的に、キリスト教的に総合する試みを目指したのである。二冊の書物〔聖書と自然〕はそれぞれのページが交互に綴じ合わされるか、または一つの世界観に融合されていったのであるが、この思想運動を叙述するには、一六四〇年代にコメニウスが普及させた概念であるパンソフィア〔汎知学〕——この学問はコメニウス以前の時代における目的を見失っており、ライプニッツが出現するまで最終的に体系化されることはなかったが――を用いてもよかろう。薔薇十字団〔六〕による神智学の言語を弄ぶことは、汎知学者の間ではめずらしいことではなかった。

名目的にはニュートンは前者の一員、すなわち分離派に属しており、汎知学者を拒んでいた。にもかかわらず、彼の実際の行動は、はるかに複雑な様相を呈している。

伝統社会は新奇なものを吸収するためのレトリックを要求し、一七世紀科学は信仰との関係において異教的哲学を擁護するために用いられた多くの論議を受け継いだ。しかし、新たな実験科学は、まさにその本性からして、もっと大仰でありもっと強引であった。聖書をギリシャ語やラテン語に固定されたテクストと調和させることと、生気と活力にあふれた科学者たちの発見に聖書の方を合わせることとはまったく別問題だったのであり、ケプラーやガリレオのように自分たちの使命にきわめて鋭敏だった男たちはしばしば物議を醸したのであった。大陸では、問題は抽象的レヴェルで科学と神学とを妥協させること――錯綜した問題であったから新しい手引き書がもしかすると作られていたかもしれない――だけではなく、集団の名称を獲得する前にすでにさまざまな肩書き――天文学者《アストロログス》、哲学者《フィロソフス》、数学者《マテマティクス》――を名乗って現われ、そのアイデンティティをゆっくりとしかも確実に主張するようになっていた新グループ〔科学者〕に対して固陋《ころう》な旧グループ〔神学者〕が偏見の目を向けていたことからも、科学者と神学者との共存も問題なのであった。

科学を受容することは、さらなる問題を孕ませることとなった。というのも、しばしば正統性に凝り固まり防壁〔論拠〕のわずかな裂け目にも警戒していた、宗教改革後のキリスト教の主だった宗派の間に、それは絶えず議論を呼んだばかりか、さまざまな宗教組織が聖書の革新的な解釈に気をもんで不眠症に陥ってしまったのである。一七世紀の科学革命はわれわれにとって決定的なものであったために、キリスト教とユダヤ教の聖書学において同時に起こった大変革も影が薄くなりがちであった。自然の書を新たに解読することに加えて、ジョン・セルデン〔七〕、ヴォス父子〔八〕、ヨハネス・ブックストルフ〔九〕、ジョン・ライトフット〔一〇〕、エドワード・ポーコック〔一一〕、ジョン・スペンサー〔一二〕といった、学識のあるキリスト教徒ヘブライ学者たち——歴史研究の描き方によれば彼らは正統派に近いのかもしれない——のほかに、トーマス・ホッブズ、バルク・スピノザ、リシャール・シモン〔一三〕、ジャン・ル・クレル〔一四〕といった、より懐疑的な学者たちの手で聖書の解釈における大胆な企てが行なわれつつあった。私は秘められたニュートンを時に応じて彼らの一人に加えたいと思っている。異端的な聖書解釈はしばしば匿名で出版されたために新科学のように悪評を買うことはなかったにしても、やはりその影響力からするとおそらくは相当の混乱を招いたであろう。二冊の書物——自然という書物と聖書という書物——の意味に疑問を投げかけることが自由に行なえるようになってから、両者の安定した関係もさらに理解しにくいものとなってしまったのである。

一七世紀において二冊の書物というメタファーを明示したすべての文章の中で、フランシス・ベーコンの『学問の進歩』の中の一節は英語圏におけるそのイメージの *locus classicus*〔典拠〕であり、彼の著作が最も人気を博していた頃には英国の科学者や彼らの属する王立協会が公認する教養となっていた。

> 神の言葉という書物を、あるいは神の御業という書物を、すなわち神学や哲学を探究しすぎることも、それらに精通しすぎることも人間にはあり得るのだとは、思慮深さという根拠薄弱な思い付き

あるいは誤用された中庸にもとづいて、誰にも考えたり主張させたりしてはならない。しかしむしろ人々には両者〔神学と哲学〕において止まることのない進歩と熟達に努めさせよ。両者を慈愛のために生かすのであって、彼らを増長させるためではないことを、また活用するためであって、誇示するためではないことを、さらにまたこれらの学問を愚かにも合体させたり一緒くたにしたりしないよう、人々にはひたすら注意せしめよ。(5)

彼の重要な警告は諸学問を一緒くたにすることを戒めるものであったが、正式にも王立協会はその勧告に注意を促した。それまでは誰一人として科学的事実を公然と神学的議論に付したことがなかった。ジョン・ウォリス〔二五〕は、その法人組織が創設される前に、もっぱら「神学や国家事業の問題を除外して……新哲学」にもっと専念することを決めた、あるグループの初めの決定を思い起こした。(6) ニュートンが協会の会長だった時、彼はほんのわずかでも宗教に触れるものは、護教論でさえも、すべて禁止した、と議事日誌は記録している。イングランドの数学者、物理学者、天文学者、そして博物学者の中で多くの者たちが、その生活費を受禄聖職者あるいは聖職位大学研究者として稼いでいたから、彼らはそのすべての任務においてベーコンの忠告に従うことができた。彼らはうわべではそれらの探究を切り離してはいたものの両方の書物を勤勉に研究し、自分の職務の違いに合わせて別々の帽子をかぶっているように見えた。聖職位にあった者としてはジョン・ウィルキンズ〔二六〕、セス・ウォード〔二七〕、アイザック・バロー、ジョン・ウォリス、ジョン・レイ〔二八〕、ジョン・フラムスティードの名前を挙げるだけでよいし、また聖職位にはなかったものの、聖職者のごとく二重生活を送っていた者としてはボイルとニュートンの名前を挙げるだけでよい。イングランドの科学者たちは科学者風を吹かして聖具室に足を踏み入れなかったし、イングランドの神学者たちは神学者風を吹かして実験が行なわれる部屋に足を踏み入れなかった。イングランドでは、二冊の書物のメタファーを公的に採用したことによって、物理科学を追究していくと神学研究から逸脱してしまうのではないかという、最初の頃の精神的葛藤もやわらげられたのである。

　ニュートンの時代になると、〔ヨーロッパ〕大陸における苦難の歴史は科学者の意識の中ではまだまだ生々しいものではあったけれども、イングランドでは科学的活動が現実に迫害される怖れはもうなかった。ニュートンはガリレオの『天文対話』を、サリューズベリー訳によって読んでいたが、それは一六六一年に出されたもので、一七世紀初頭にコペルニクス仮説を支持した多数の神学者たちによる擁護論のみならず、ケプラーとガリレオによる英雄的な科学弁護論をも含む一巻本の論文集であった。内乱〔ピューリタン革命〕以前のジョン・ウィルキンズによる科学の大衆化は、まだ若かった頃のニュートンもこれに親しんでいたのであるが、聖書に矛盾しないことをもって新科学を同じく擁護した。自分の長い人生を振り返りながら、老いたニュートンは「自らの思想を――ガリレオのように異端審問を怖れることなく――語ることのできる自由の国に」イギリス人として生まれた幸運に感謝し、（恭しく一言一言をノートに書き留める）ジョン・コンデュイットに対して「デカルトのように見知らぬ国に行かねばならない義務もなかったし、化体《かたい》説[一九]を自分の哲学によって証明すると言わねばならない義務もなかった」と語った。[7] イングランドの科学者たちはいまだに異端宗教的な見解のために時として罰せられた――彼らは教授職に就くことを認められないことがあった――が、しかし彼らの科学的な学説は〔処罰〕理由とはならなかった。反三位一体論者であることを公言したためにニュートンによって王立協会から追放された時のウィリアム・ホィストンがほのめかしているように、ニュートンの支配下にあって科学はスキャンダルを回避するために宗教問題においては自己規制をその慣行としたのである。一般にも、二冊の書物のメタファーは科学を普及させるためには妥当な政治目的にかなっていた――それは*modus vivendi*〔一時的妥協〕だったのだが。

一六八七年に出た『プリンキピア』の初版において、ニュートンはたった一度だけ、まるで偶然のように、何気ない言い回しで神の名に触れている――「このように神は惑星を太陽から異なった距離に配したのである(8)〔一〇〕」――が、それと言うのも誰かが自分の正統性について疑問を抱くのが当然であるとか証拠たり得るとか、彼は少しも考えなかったし、また想像もしなかったからである。イングランドでは宗教的権威や世俗的権威から科学に対して深刻な攻撃が加えられることは一つもなかった。ただしヘンリー・スタッブズ〔一一〕のような人物たちの重要性や、イングランドを教皇派に寝返らせるために、スペイン人の架空の陰謀話にかの高雅な団体を巻き込もうとして、風変わりで金に弱そうな王立協会の敵対者たちが政治宗教的含みのある愚かな試みに少しばかり手を出したこと〔一二〕などを、みなさんが誇張して考えていなければ、の話だが。

ガリレオとケプラーは、二冊の書物を著すために用いられた神の言語がいかに異なるものであるか、ということを常に強調していた。一方の、自然の書物は、数学的なヴェールに覆われており、その意味はなかなか体得しがたく、学識のある者にのみ開かれている。他方の、聖書という書物は、平明な日常の言葉であった。そして、二冊の書物は、自然の神秘を究めようとする者は、神の眼からすると、単なる聖書解釈者の域を明白に超えていることを、時に応じてほのめかしただけには止まらない。聖霊は天国への道を教えているのであって、天空がどのようになるかを教えてはいない、という彼の——ガリレオによればある「著名な教会人」に帰される——名言や、「彼に私が勧めるのは、家に帰って自らの畑を耕すことだ」、というケプラーによる天文学を知らない暗愚な聖書解説者への忠告——これらの言葉は二冊の書物の関係という挑戦的な着想の本質を明らかにしている。ガリレオもケプラーも共に、好意的な神学者たちから彼らの信念については警告を受けていたので、聖具室に足を踏み入れることはしなかった。もし神学者たちが聖書における惑星関連の記述を理解する上で助力を必要とすれば、ガリレオは天文学の専門家に尋ねるよう助言した。ガリレオがフィレンツェ近郊のヴァッロンブローザにある修道院の修練士だった頃、またケプラーがテュービンゲンの神学生だった頃、聖書解釈においてさえ並みの神学者に負けない知識があると思っていたから、その高慢な態度に彼らは高い代償を払うことになった。ガリレオの裁判から三〇年後とは言え、王政復古の頃のイングランドでは、そうした活動を行なう科学者たちを取り巻く宗教界の雰囲気はまったく違っていた。当時はきわめて多くの聖職者たちが科学者も兼ねており、一つの頭の中に二冊の書物に関する専門知識を共存させていることが尊敬につながったのであるが、両方の分野で神の栄光を解き明かす人間の能力は軽視されていた。マラン・メルセンヌ神父のようなフランス人は〔ヨーロッパ〕大陸側の類例であるが、イングランドと同じように、印象に強く残るような科学者兼神学者たちが集中的に現われる現象は〔フランスでは〕まったく見られなかった。

社会・経済的理由からすれば、イングランドで科学が受け入れられるのは分かりきっていた。良く言えば——いまだ十分に調べがついていないのだが、科学擁護論のパターンは数世紀にわたって変化していくものだ――、科学は栄光の神学のバロック的緻密さや、科学的探究によって解明されたように、すばらしい構想、美しさ、調和、そして自然の秩序など、おびただしい数の実例に支えられた議論を介して、教養のあるイギリスの上流階級の生活にとけ込んでいった。いま一度ベーコンが権威的な情報源となった。「というのも、詩篇やその他の聖的文書に誘われてわれわれがしばしば神の偉大で驚異的な御業を考察し賛美するように、もしわれわれが最初に感覚で捉えられるその外観を見つめるだけに満足してしまうならば、それはまるである秀れた宝石商の店をその店頭に置いてある商品だけで評価したり判断したりするようなものだが、それと同様にわれわれは神の尊厳を傷つけることにもなるだろう。[11]」真の栄光は隠された原因の探究を要求するものなのである。

ベーコンが描いた科学の栄光は、一七世紀の間に一定の間隔で語り直されたが、最も雄弁だったのはおそらくトーマス・ブラウン〔二五〕であろう。

世界は獣たちの棲み処となるように造られたが、人間によって研究され観察されることになった。そうすることはわれわれの理性にとってわれわれが神に対して負っている務めなのであり、われわれが獣ではないことに感謝して払う敬意なのである。……神の賢慮は、下品な目付きをして粗野に神の御業を称える、こうした低俗な頭の連中から栄誉を受ける。彼らは大いに神を賛美するが、神の活動を思慮深く探究することや、神の創造を慎重に研究することは、敬虔に学問的に称賛する義務を生ずるのである。[12]

御父〔神〕を賛美する形式として科学を利用する伝統は、ロバート・ボイルや王立協会において彼と同僚だった会員たちの指導の下で、そしてアイザック・ニュートンの直弟子たちの間で新たな局面を迎えた。『キリスト教学者』の中で、ボイルは人間が善きキリスト教徒となることに実験哲学が役立つことを立証しつつ、神が要求しているのは神の御業をざっと見渡すことではなく、念入りにそして巧みに精査することだということを、読者に断言した。一人の者だけが解剖学と光学において訓練を積んでいたが、その者は「光を屈折させる精巧な器官〔眼球〕を形成する、いくつかの皮膜や体液や筋肉を分離してみれば……光学の法則の助けを借りて、この小さな器官がいかに見事に入射してくる光線を受け止めることができるようになっているかを発見し、また視覚にとってほとんど無限に多様な対象を、思い付く中で最善と思われる方法によって、完璧な生き写しになるようにいかに見事に光線を処理しているかを発見することになろう。[13]」ガリレオにとって、天文学の研究は、主題の *grandezza*〔広大さ〕と *nobiltà*〔気高さ〕の故に、神の栄光を称えるのに何よりもふさわしいものであった。イギリス人たちは目的論的論証や天文物理学の世界から芽生えた好奇心を動物学や植物学や化学の世界にまで広げて適用していった。彼らは等しく厳粛な世界として微視的な世界に瞠目さえしたのである。神をジョン・レイやフランシス・ウィラビー〔二六〕は植物相と動物相の中に見たが、ロバート・フックはアシブトコナダニの体毛の中に見、ボイルは微粒子《コーパスル》の配列の中に見ていた。ヘンリー・モア〔二七〕の著作は目的論の真の目録となっており、創造のあらゆる相——動物、植物、そして鉱物——に合わせて設計図を描いて見せ、そしてエピクロス主義的無神論を反駁したのである。一六九二年にリチャード・ベントリー〔二八〕はこれらの議論の摘要を作成し、こうした議論をニュートン的体系で飾り立てた。一七〇四年と一七〇五年にはサミュエル・クラーク〔二九〕がより哲学風の連願《リタニー》を繰り返した。一八世紀の最初の一〇年間にボイル講演の栄光を称える声もかつてないほど陳腐なものになってしまった。『物理神学　または存在の証明および創造の御業からする神の属性』〔三〇〕（一七一一―一二年に講述され翌年に出版された）において、ニュートンの友人であるウィリアム・ダラムは水中生物を軽んじていたかもしれないと告白し、自分が植物から集めた真の宗教の証拠に無関心だったことを弁解したが、しかし他方では収集範囲の完璧さに満足していた。資質のなせるわざか、こうした講義・説教のすべてがエピクロス主義的無神論、ホッブズ哲学、スピノザ哲学と闘う内容となった。これらの思想は実際には存在するはずのない妖怪であった。しかし、好例が続いたことによって、科学は宗教の婢女としての地歩を固めたのである。

　クレイグ、ホィストン、ジョージ・チェイン〔三一〕、ダラムといった者たちの著書や、ベントリーとクラークの講演などが、宗教的護教論としては、いかなる賛美の仕方に比べても、ニュートンの世界体系がすぐれていることを喧伝したのである。彼らの論証活動に対するニュートンの態度は紛れもなく好意的と思われてきたし、政治好きで人間臭いニュートンという男は、確かに、彼らの盲目的な追従ぶりに無関心ではいられなかった。しかし、細かい点になると、こうした業績の出来栄えに対して、彼はしばしば批判的になった。ニュートンの体系に関するベントリーの解説は、多くの点で、ニュートンの好みとかけ離れていた。チェインの『自然宗教と啓示宗教の哲学的原理』（一七一五年）は、「神との融和」に関する新たに発見された原理を確立したが、それは引力の原理にも似た知的存在の体系における物質世界の原理であって、この本はニュートンの趣味からすると余りに宗教的新プラトン主義に充ち満ちたものだった。ニュートンはダラムの『物理神学』に関して「酷評」と称するものを用意していた。また、ニユートンの預言解釈においては、クレイグの数学化されたキリスト教神学——彼は、使徒たちの証言がゆっくりと衰退していくことに着目し、統計理論にもとづいてキリスト再臨の時期を算出しようとした——などに割くべき余地はまったくなかった。サミュエル・クラークは、自分自身のボイル講演の中で、ガレノス〔三二〕やキケロを思わせる古めかしい目的論的論証に、近代的な形而上学的 *cachet*〔特徴〕を与えた。彼らの人間関係には温かみがあったけれども、ニュートンは必ずしもクラークの思想表現に大満足していたわけではない——それは、クラーク＝ライプニッツ往復書簡が再版される時に、ニュートンがピエール・デ・メゾー〔三三〕に補足説明文を入れるよう指示したことからもわかる[14]。惑星の運動や彗星の軌道において実証され、また動物の部位の対称性においてさえも実証された目的論的論証は、ニュートンによって漠然と繰り返されたのであるが、彼の弟子たちの間で些末な問題がどんどんと提起され、当て推量が乱れ飛ぶ状況はしばしば彼を不安に陥れた。それらは神の意志に関する細々とした知識の仮定と言っても過言ではなかったし、そこに持ち出される証拠も薄弱であった。結局のところ、抗いがたく揺るぎなき目的の唯一の証拠は自然哲学の数学的原理そのものに由来するのであった——そして彼がダラムに忠告したのもそんなことだった。一六九一年一一月まで遡るが、ニュートンは「公開講演の良いところは……自然の最も単純な法則が万物の大部分の構造において認められること、哲学がそこ〔法則を観察すること〕に始まるはずであること、そして宇宙の性質は、特殊なものよりも普遍的であるだけにそれは与《くみ》しやすくもあり、また一般的な仕組みが動物や植物等々のそれよりももっと単純であることを示せる点にあるのかもしれない」と、デヴィッド・グレゴリーとの会話の中でも同様の意見を述べていた[15]。

イングランドでは一七世紀の終わりが近付くにつれて、科学擁護の嵐が時折吹き荒れ、実質的にそれが二冊の書物の区別を消滅させたのだった。〔ヨーロッパ〕大陸側の科学者たちは、縄張りを侵す神学者たちを退けるのに、守勢にまわっていた。ガリレオとケプラーは根本的な議論をする時には、タルムード学者たちの聖書解釈に関して、教父を介して伝えられた、古代の「聖書は万人の言葉で語る」という格言にもとづくことにしていた。天文学の数学的言語は公然と聖書の平明な言葉には読み換えられなかったから――これは期待されていたことでもあるが――惑星運動への言及が曖昧な創世記やその他の聖書本文の逐語的釈義の足枷から、科学を解放したのである。ケプラーは、太陽中心の原理が普遍的に勝利した後も、われわれ凡人は日常会話の中では、われわれの視覚に従って、日の出と日の入について語らい続けることを心理学的に見抜いていた[16]。しかし、ニュートン周辺の学者たちは、二冊の書物が一致調和していることをがむしゃらに証明しようとしたが、科学と聖書を調停するため、それらの間に存在する壁をマンモスよろしくぶち壊そうと冒険に乗り出した。***physica sacra***〔神聖な自然学〕として認識されることになった、創世記やニュートンの著作に述べられているような創造の歴史に関する研究を彼らは発展させ、科学と聖書の完全な調和を示していった。自然という書物と聖書という書物は細かい点まで符合せしめられた。〔ノアの〕洪水について科学的に説明がなされ、地球の未来史全体について科学的厳密さをもって概説がなされた。トーマス・バーネット[三四]の『地球に関する聖なる理論』においては、劫火の中で終焉を迎えることは、硬い岩石の塊がいかにして燃焼させられるか、といった技術的に扱いにくい問題に解決を与えることを必要としたのである。ニュートンは、一六八一年一月付手紙の中でバーネットの本を論評しつつ、惑星が神によって最初の創造行為の中にどのように配せられたのか、そして調和運動に必要な速度に達するまで絶え間なく加速された惑星の運動がいかにして達成されたのか、それらについての考えを「推測として」述べた。[17] まもなくウィリアム・ホィストンは、おそらくニュートンも同意していたのだろうが、バーネットを出し抜いて『地球に関する新理論』を著し、「モーセの創世記は万物の起源に関する緻密にして哲学的な説明ではなく、混沌としたカオスから形成されたわれわれにとって唯一の地球と、その地球に人類が住めるようになるまで、日々連続して可視的に起こった地球の変化に関する歴史的に真実の叙述である」[18] ことを証明してみせた。ホィストンが示した「要請」は、彼のパトロンであり、その本を献呈された *summo viro Isaaco Newton*〔偉人アイザック・ニュートン〕にとって、完全にその意にかなうものだったであろう。

Ⅰ　聖書の自明の意味あるいは字義通りの意味は真実かつ事実であるが、それに反して明らかな根拠を与えることは一切できない。Ⅱ　自然のまま明確に説明ができるものは、理由もなく奇跡の力に帰すべきではない。Ⅲ　古代の伝承が自然の構造について、あるいは世界の起源やその原初的状態について断言していることは、真実であると容認されるべきであるが、そのことは聖書、理性、そして哲学にとって完全に都合がよいのである。[19]

ホィストンの解説は、ニュートンの後継者としてルーカス教授職を襲った者にふさわしく、数学的な専門用語——要請、系、補助定理、仮定——を採用した。ニュートンの天文学は、創造の時から厳密に千七百年後の、一一月二七日木曜日に、彗星が地球の側を通過していき、そのガスと尾が大洪水の原因になったという命題を裏付けていた。ホィストンの美文調の献辞をニュートンは受け入れたが、それは彼が書いたこと全部を絶対的に是認したことの象徴だったのかもしれないし、あるいはそうではなかったのかもしれない。多くの聖書問題においてニュートンはホィストンの熱心にすぎる解釈には満足していなかった。しかし、この本を否定することもしなかったのである。ジョン・ウッドワード〔三五〕の『地球の自然史のための試論』（一六九五年）も同じ精神によって編纂されていた。鉱山で見つかる化石は、洪水に関する聖書の記述の正確さにとって決定的な証拠であった。また、重力によって、より重い化石がより深い地層に分布することの説明も付いた。聖書と新科学はがんじがらめに絡み合っていたのである。

ニュートニアンたちにとって共通の目標があればこそ、聖書本文と科学の成果を結び付けるという崇高な調停の詳細をめぐって、仲間内の辛辣な議論と反駁の議論が行なわれても、それらを排除することはなかった。聖なる自然学〔物理学〕がもたらす事実についてジョン・キール〔三六〕とホィストンの間に生じた論争は熾烈なものであったが、あの論争好きな時代の非宗教的な科学上の口論と同じように、それは痛烈な人格攻撃であった。しかし彼らの著書は何十回も版を重ねて、イングランドの巷に氾濫し、外国語による翻訳、改作、盗作も横行したが、しかしニュートンの体系が名声を得るには、『貴婦人のためのニュートン科学〔三七〕』と同様に、それらも大いに役立ったのである。一七七四年になるとヘルダー〔三八〕は *Physik-theologie*〔物理神学〕の体系として五十ほど列挙できることを主張した[20]。それらの体系は、神ご自身が数学的法則に従うことを好まれ、また道徳目的を果たすのに都合がよければ彗星のような自然の力学も常に用いられたことを、聖書の証拠を挙げて示した。

振り返ってみれば、ニュートンの生前からニュートニアンたちはそれを常としていたように、何人かの者が行き過ぎた賛辞を呈し、また *physica sacra*〔神聖な自然学〕が自信過剰にあったために、二冊の書物の分離をひどいやり口で妨げることになった。そして、*physica sacra* の創始者たちは聖書の一節が実験的証拠や科学的証明の論理に干渉してくることを決して許さなかったけれども、聖書と科学を調和させることに熱中していた彼らは科学の衣をまとった奇怪な文学的幻想にとりつかれ、二冊の書物がごた混ぜとなっている不鮮明なゾーンを創り出した。賛美の神学のおこがましさを――あたかも世界を創造した時ちっぽけな人間から拍手喝采を浴びたいと神が思っていたかのようだ、と――嘲笑っていたデカルトも、あるいは聖書を政治的かつ道徳的な文書として、哲学的かつ科学的な文書とは見なさなかったスピノザも、このようなでたらめなやり方で未知の領域に足を踏み入れることを許さなかった。

弟子たちの哲学を黙認するというニュートンのやり方は、創世記において天地創造を叙述するという、モーセの語りの行為に関する彼の説明の仕方につながっているのかもしれない。モーセは科学的真理のすべてを知っていた――これはニュートンの確信であった――が、しかし彼は平凡なイスラエルの民に向かって語っていたのであって、王立協会で論文を発表していたわけではない、モーセは真理を歪曲することなく物語を平易なものにしただけだ、というのである。ニュートンがボイル講演〔第一回目の講演者としてリチャード・ベントリーを選ぶのにニュートンも一役買っていたかもしれない〕[21]に出席している一般聴衆を教化するためや *physica sacra* の試行において認めていた基準は、意外にゆるやかであった。彼は子供たちを遊ばせることにして、彼らが公然と事件を起こした時にのみ手綱をしっかりと締めたのである。

ニュートンは何人かの弟子たちが行なった科学と聖書の融合の行き過ぎにうんざりさせられていたか

もしれないが、しかし結局のところ彼自らが二冊の書物をごた混ぜにしてしまう主たる原因となったのである。ベーコン的メタファーを援用するに当たって、彼は二種類の研究を混同することを繰り返し戒めた。しかし、自分のことになると彼は必ずしも宗教研究と科学研究をきっちりと分けていたわけではなく、二つの研究が重なってもよかったし互いを侵してもよかった。政治目的にとっては説得力のあるレトリカルな言い回しであったものも、心から我が物とすることはできなかったのである。

『光学』の一七〇六年刊ラテン語版の疑問二〇においては「そして、哲学において踏んできた一つ一つの正しい歩みが第一原因を知ることを直ちにわれわれにもたらすわけではないが、しかしわれわれをそれにもっと近づけさせるのであり、それ故にこそ高く評価されるべきなのである[22]」とし、また『プリンキピア』の第二版において現象から神について論じることは「実験哲学」――ただしこの用語は第三版では、必ずしも何人かの学者たちが主張している理由からではないにせよ、「自然哲学」と変更されている[23]――の関心事であったことを公然とかつ率直に明言せざるを得なくなるよりはるか以前から、ニュートンの人生を通じて科学と宗教が絡まり合い続けていたことを、二、三の例を示しながら述べてみたい。彼がまだ若かったケンブリッジ時代の備忘録は、彼の科学思想について研究している歴史家たちがニュートンの大きな発見を初めて予見させるものとして目を向けてきた記録である。フランシス・ベーコンが探究にふさわしいものとして列挙したテーマが散見されるにしても、その他の項目は、「神について」や「天地創造について」といったものである。「神について」は陳腐な抜粋であり、人間の体をつくる時に神が抱かれた構想を明らかにし、そしてエピクロス派の原子論と偶然の教義を批判している――これは直接にはヘンリー・モアに由来するものである。ニュートンが自ら延長や時間を定義するのに懸命になり、また宇宙論的思弁に挑もうとするにつれて、その他の見出しの下に哲学的議論と聖書からの引用が混在することにもなる。ヘブライ人への手紙の一節は神が時間を創造したことを意味するように解釈され、またある節においてはニュートンは「神の子」という用語の意味を調べ始めるのである。

この同じ備忘録の中で「大地について」と題された事項における数行の分析は、私が知るどのテクストとも同じなのだが、聖書という書物と自然という書物に関するニュートンの探究が彼の学者人生の最初からどのように紡ぎ出されてきたのか、その証明となっているのかもしれない。世界は氾濫、劫火に向かって容赦なく突き進んでいき、続いて今はまだ形のはっきりしない再生が必ず訪れる、という彼の信仰を証《あか》しする豊富な聖書の証拠を、黙示録から引いた二、三の簡潔な言葉に、彼は凝縮してみせた。彼の解説も、聖書が皮相な表現を一語どころか、重要な意味のない一文字すら含まないこと――一種の節減の法則――を基本的な前提とするタルムード学者やピューリタン聖職者による規範的釈義の伝統の一つに沿っている。ニュートンが「大地について」という稿本の中で言及している黙示録の言葉にニュートンは精通していただろうが、われわれ全員が彼と同じようにそれらを熟知しているとは限らないので、私はその一節全体を引用しておく。「そして彼らを惑わした悪魔は火と硫黄の池に投げ込まれたが、そこは獣や偽預言者がおり、そして昼も夜もいつまでも責め苛まれるであろう。」ニュートンが世界の再生の立証を試みたノートの一葉において、彼はただ一言、「審判のあと昼も夜も　黙示二〇章一〇節」と走り書きした。(24) この曖昧な言葉の全き意味は、何年も釈義的説教を課され、それらの思考の仕方を吸収してきた者にとっては自明のことだったであろう。邪悪な者をいつまでも責め苛む、というのはそれだけでもとても分かりやすく十分であって、預言者〔ヨハネ〕はそこで止めてもよかったはずである。しかし、「昼も夜も」という言葉を、不必要で余分に見えるのに、ヨハネが挿入した時、彼は確かにわれわれに何かを知らせるつもりだったのである――何かとは、この場合、審判の日以降も昼と夜がずっと訪れるということだが。そして、それは新しい天と新しい地を前提としていたのであり、もしそうでなければこのように昼と夜が続いていくことは無意味となるであろう。このように黙示録のヨハネは物理的世界の未来の歴史について重要な事実を伝えていたのであるが、それは後にニュートンの円環的宇宙に関する理論のある説の一部を成したのである。

ニュートンは断片的で、しばしば現実離れした科学史をわれわれに遺してくれているが、それは彼の年代学論文や錬金術論文のあちこちでばらばらに語られたものではあっても、自分の世界観による科学と宗教の解釈をさらに例証しているのである。「宗教の起源」と題された論文は特に関連がある。すべての宗教の根底には、ただ一つの原理が存在しているのである。神の御業に関する知識は神性という真の概念が存在する時代には栄えていた。神の不実な思想――たとえば異教的偶像崇拝、形而上学的神というギリシャ哲学的な観念、あるいはまたカトリックの三位一体説や偶像崇拝的聖人信仰など――が社会を支配した時には、その逆であって、神の御業に関する真正の知識というものはいっさい存在しなかった。科学的発見にとって好ましい時代は原初的一神教の時代、ソクラテス以前の思想の時代、そしてニュートンの時代であった。プラトンやアリストテレスの時代と中世のスコラ学者たちの時代をニュートンが描くと、どちらの時代も暗黒の時代だったことになり、そして不実の宗教が似非科学と密接な関連のあった時代でもある。イングランドの科学は宗教的判断の干渉を避けようと懸命だったけれども、世界の歴史を顧みれば科学と宗教は相互依存の関係にあったことをニュートンは見出したのである。

大洪水後にエジプトでもバビロニアでもインドでもカルデアでも実践されていたような祈りの儀式や原初的一神教に関する彼の叙述によれば、初期の科学と神学とは近い関係にあった。神の知識を獲得すること、あるいはこのような知識の基礎は、いつも人間の手の届くところにあった。そして、一神教的信仰がそれほど堕落もせずに支配していた時代にあっては、神の御業の中に神を索《もと》めれば豊かな実りを得られたのだが、それは神を索め続けるために一性というものが必ず意識されていたからだった。こうした古代文明の神官や宗教指導者もまた科学者であり哲学者であった。彼らは神の知識に至る道として、神の力と直接的な交わりに達せられるとされていた法悦状態に入ったり、あるいはまるで自然の抽象的力が神性の多様性であるかのようにその力を秘儀的に崇拝するといった、主観的な方法を取ることは避けようとした。かかる高徳の賢人たちは、ありとあらゆる現象を、一回の創造の一部分あるいは一局面と見なし研究したのである。一人の神に対する彼らの熱き信仰心は、彼らをして、地上における物の運動と天上における星々の運行をつぶさに吟味せしめ、そして神の創造について発見できた根本的真理のいくつかを、時間による欠損があったものの、彼らの中になお秘匿し続ける貴重な文書の中にその観察を記録せしめたのである。古き神官兼科学者たちは、第一にして唯一の原因が存在するという、ニュートンが抱いていたのと同じ信念によって突き動かされていたのであり、また現象からあの原因にまでその推論を及ぼした。多神教は、偽の神々と結び付いて、相反し矛盾する原因の観念を実質的に認めたために、科学とは相容れないものとなった。これこそ、古代の盲目的崇拝に関する補遺的記述――『光学』の新版に登場するが、一見無関係のように見える――の真の意味なのである。(25)

原初的一神教は科学の二つの基本形式である、天文学と錬金術とを実践した。天文学はエジプトとカルデアの神官たちの間で神の賛美として始まり、そして彼らがその神殿に装飾を施す際には神殿を宇宙の正確なレプリカとしたのだった。それから、大宇宙に関する彼らの知識はギリシャ人へと伝えられ、彼らによって天体の運行が記録され、それを保存することが始められたのである。

かくして［それは］彼らが崇拝する偉大な神を祀った真の神殿たる世界の骨組みの研究を、古代の神殿の骨組みを使って人類に提案するために、エジプトにおいて真の宗教を初めて興そうとする一つの企てであった。……またしたがってプリュタネイオン〔三九〕という名前を神の神殿に付けてかまわないし、彼らはその神殿も天界の全体系を表現する［のに］最もふさわしい趣きになるよう構築したのである。宗教が主張すること以上に合理的なものはあり得ない。……またそれ故にそれは、神官たちがかつて自然の真の骨組みの知識を誰よりも熟知しており、そしてその知識こそ彼らの神学の中で偉大なものと見なしていた、ということであった。

インド人たちの学識は神官であるブラフマンにかかっており、バビロニア人たちの学識は神官であるカルデア人にかかっていた。そしてギリシャ人たちが天文学や哲学を学ぶためにエジプトに旅した時、彼らは神官たちの下に赴いたのである。(26)

大宇宙の研究に加えて、古代人たちは火や金属の神秘的な特性にも心を奪われていた——特にエジプトの人々がそうだったのであり、この地では火の属性を探究した者たちの一覧表の先頭にエジプトの神官－王－科学者にして、錬金術研究の父であったヘルメス・トリスメギストスが置かれているが、このヘルメスの発見に関する註釈をニュートンは書き残している。『ヘルメティカ』そのものはキリスト教以後の作品である、というアイザック・カソーボン[四〇]による暴露にも彼は動じなかった。ヘルメス独自の発見は時代を超えて伝えられてきたし、またさまざまな比喩表現や表象や紋章に取り入れられていった。こうしたヘルメスの真正な伝統の名残りをとどめている錬金術師たち――ミヒャエル・マイヤー伯爵[四一]のような人々のことであるが、ニュートンは、ラツァルス・ツェッツナー[四二]とエリアス・アシュモール[四三]が出版した類似の著作集に収められている作品と一緒に、このマイヤーの哲学的錬金術に関する概説書から抜粋を作っている――は、その研究において道徳的に正しい方向を示していた。彼らは第一原因を、単純な統一原理を追究していたのである。そして、ニュートンには世界を考察した古代ギリシャの天文学者や数学者やソクラテス以前の哲学者たちの断簡を研究して裨益するところがあったように、神の創造の、不完全ではあっても、純正のものに近い啓示として錬金術の著作を読み、書き写し、またそれについて黙想することによってもやはり得るところがあったのだろう。錬金術師たちは、神の世界を論じそこない体系を捏造しただけの近代の形而上学学者たち――彼はデカルトとライプニッツを考えている――とは対照的に、自然の現象を説明した。もし錬金術師たちの心象が解明できるのであれば、自然における神の働きに関する本質的真理も錬金術の伝統から導き出せるかもしれない。（問題は黙示録におけるヴィジョンの解釈とまったく同じだったのである。）私はここで、ニュートンの哲学的錬金術研究、すなわち宗教と関わりがあるそれと、小さなトリニティ・カレッジの実験室で彼自らその火を燃やしていた、化学と錬金術の境目にある実験とを区別しておくことにする。その内心では、ニュートンは、渦動〔宇宙〕の体系をひねり出し予定調和の仮説を立てたりする哲学者〔デカルト〕よりも、金属の属性や火を使った実験について記述していった錬金術学者に近いように自分では感じていた。実はヘルメス・トリスメギストスであったトートから、ニュートンが時々秘かに会っていた当時の秘術実践者に至るまで、錬金術師たちは過ちに陥っている場合でさえも尊敬に値する、道徳的で神を求める者であった、と彼はコンデュイットに語っている[27]。ニュートンは一六世紀から一七世紀にかけて錬金術がヨーロッパで最盛期を迎えたことに明らかに影響を受けており、さまざまな機会に金属精錬法的な錬金術と神智学的な錬金術の両方に心を動かされていたのである。

しかしながら、ニュートンが哲学的錬金術に関する本を生涯にわたって読んでいたからと言って、彼を薔薇十字的神秘家と同列に論じるわけにはいかない。多くの一七世紀の錬金術の匠《たくみ》たちが薔薇十字団員だったにしても、である。彼は薔薇十字団が出しているパンフレット〔四四〕を調べてみて、それは「ぺてん」――彼の宗教的言葉遣いの中ではかなり軽蔑的な言葉とされ、偽預言に近い意味がある――だと非難した。ニュートンは彼が熟読したすべての本に同感していたわけではない。彼は初めから論破し否定するつもりで著作をしばしば分析していたのであり、また彼がクリスティアン・クノール・フォン・ローゼンロート〔四五〕の『解明されたカバラ』の数節を敷衍したことがあるからと言って、彼をカバラ主義者に変身させるのが無理なように、友愛団の『名声』と『告白』[28]をトーマス・ヴォーン〔四六〕の翻訳によって読んでいたことを理由に、彼を薔薇十字団員に仕立て上げることもこじつけとなろう。ニュートンは、神話的で象徴的な言語に包まれているために理解が困難となった錬金術思想から、神秘的要素を取り除こうとしたのだった。哲学的錬金術に没頭しつつ、宗教―科学の神秘的な教義や寓喩の中に潜んでいる、自然の世界を開くための鍵を彼は探していた。しかし彼がそこに究極の真理を発見することはなかった。また、彼は錬金術師たちの道徳的目的を高く評価しており、また彼らの著作物は神のためにその研究を献ずる敬虔な辞《ことば》で充たされていたのではあるが、聖書の預言の意味不明な文章にしか神の直接的な言葉は含まれていないのであった。ニュートンはすべての寄木細工《エンブレーマ》的論文において理性主義的要素を見逃さなかった。しかし、薔薇十字団による魔術とカバラと錬金術の神秘主義的結合は、聖書とは切っても切れない関係にある彼の宗教とは相容れないものであった——それは狂信のにおいがしたし、また聖書によって神が歴史的に啓示した言葉とは余りにもかけ離れていたのである。

なぜ古代の賢人たちは神話的言語に訴えたのだろうか。ニュートンはしばしば思索をめぐらした。彼の答えは変わることなく常識的で歴史的なものであった。まさに大勢の反抗的なイスラエルの民がモーセの前に立ちはだかった時のように〔四七〕、神官兼科学者たちは無知のやからを相手にしていたのだ。こうした神官兼科学者たちもそれなりに真理の語り部ではあった。しかし、本物も事実も現象も理解しない凡夫たちに向かって、真理を、一人の神を直接崇拝する必要性を、どのように説明しようと言うのか。彼らを子供のように遇し、神話や寓話の中に科学的データを記録することは、おそらく神の創造を変えることにはなっても、それを偽ることにはならなかったのである。

哀れなるかな、科学の歴史は初めの頃スムーズには進んでいかなかった。罪過、堕落、悪魔、権力を握る君主、そして無知が入り込んできて——当時のさまざまな資料からここで導き出された原因には混乱が見られるが——名も無き人々は、原初的一神教の純粋さを拒否して、寓話の中のイメージを具現化し、そしてそれらを神として崇めた(29)。動物のヒエログリフはかつては自然に関する実際的な知識を表わすものであったが、エジプト人たちはそれらを祀って獣崇拝に陥ることになった。その時から宗教的真理も科学的真理も、常に相互に依存していて、どちらも繁栄することができなくなった。もしジェームズ二世によるカトリック寄りの策謀が真っ先にニュートンの心に浮かんだとすれば、真の宗教から偶像崇拝に堕落した原因が王や廷臣たちにあると彼は考えていたことになる。もし彼が内乱〔ピューリタン革命〕の狂信的な問題児たちのことを思い出していたのであれば、その堕落の原因として彼はおそらく古代の大衆の邪教を槍玉に挙げていたのではあるまいか。いずれにしても、純粋な一神教の復活があったからこそ科学も盛り返せたことがそこでは前提されており、二冊の書物の運命をしっかりと結び付ける立場にあるのだ。

道徳レヴェルでは、かつてのベーコンがそうであったように、ニュートンは決して科学を周りの世界から孤立させなかった。科学者の活動範囲は道徳や宗教的戒律に制約されていたのである。科学の応用は宗教の二つの基本原則、すなわち聖書が述べている隣人愛と神の愛によって統制されるべきであった。ニュートンは晩年になるとあらゆる種類の行政官職を務めたけれども、その人生のほとんどを通じて科学の実際的利用に対しては冷淡な統治者ぶりを見せた。しかし、科学的知識が破壊目的に応用されてしまう危険がある場合には、彼は介入した。一六七六年に彼はヘンリー・オルデンバーグ〔四八〕宛てに奇妙な手紙を書いているのだが、ボイルも会得していたという錬金術の実験方法がもし未熟な連中の手に落ちるようなことにでもなれば、計り知れない危険が人類に及ぶのではないか、と不安を募らせている(30)。軍用機械の発展に科学者たちが加担していることに対して、ニュートンにはいささかの葛藤があった。デヴィッド・グレゴリーは、新しい合金技術の方法を使って「大砲の点火孔の反跳と大きさを改良する」ための提案が、ニュートンから出されたことを伝えている。しかし、科学の戦争への応用には真っ向から反対していたとか、若きデヴィッド・グレゴリーには、人殺しの道具など科学の本来の目的にはかなっていないからという理由で、彼の父親の新しいキャノン砲の模型を捨ててしまえと彼が命じた、などといった対照的な話も残っている。(31) ニュートンが遺した文書の中には、ジョン・ウィルキンズやジョゼフ・グランヴィル〔四九〕のように、急増する実用的発明に熱中した形跡は見られない。ニュートンが自然を精査したのは、ほとんどもっぱら神の知識のためだったのであり、感覚的な喜びとか快適さを増すためではなかった。科学が追究されたのは、神について学ぶべきものがそこにあるからであって、便利さとか有用さのためではなかったのである。

振り返ってみると、ニュートンが二冊の書物を分離したことも、宗教の教義内容について語る資格は科学にはない、また王立協会の会合の場で聖書は引用してはならない、と考えるようになる前触れにすぎないと思われる。分離しなければ、それらはいろいろな点で束縛を受けることになったろう。ニュートンは一方の書物を神聖なものとし、他方を世俗的なものあるいは冒瀆的なものとすることはなかった。二冊の書物の価値は同等であり、両者の間に不公平な比較など成り立たなかった。また、たとえ一方の書物によって神のどのような知識が暴かれたとしても、それは他方の書物において開示されたことと調和していた。また後で、正統な科学的方法がどのように彼の預言解釈の原則に結実したのかを示せる機会もあるだろう。ここでは、預言を解釈するための規則に関する手稿の中に現われた彼の省察の一端をあらかじめ述べておきたいのだが、それは珍しい例で、科学者の目標と預言註解者の目標が類似していることについて彼は長々と論じ、また単純性と統一性を等しく探求することが二冊の書物を研究する時の基礎にあったことを平易な言葉で開陳しているのである。ニュートンの「霊的な創造の場」――これはアインシュタインの呼び方だが――、そこは情念が支配していた。

真理［とニュートンは書いた］は常に単純さにおいて見出されるべきものであって、多様性のある混乱した事物においてではない。裸眼には対象がきわめて多様に映っている、そうした世界は哲学者の知性が見渡すとその内的本質においてはとても単純に見え、その理解の度合いによってそれだけ単純になっていくものだが、同様に単純さはこうした［預言者の］ヴィジョンにもあるのだ。そうしたヴィジョンのすべてがきわめて単純に実現しているということは神の御業が完璧だということである。神は秩序の神であって、混乱の神ではない。またしたがって、世界の枠組みを理解しようとする者たちが自分たちの知識をできるだけ単純にしていく努力をしなければならないように、こうしたヴィジョンを理解しようと努めることにも単純さがなければならないのである。(32)

一七世紀初頭の闘う科学者に倣って二冊の書物の違いを強調する代わりに、ニュートンは両方の書物に共通する精神、すなわち自然と聖書に見られる絶妙な単純性を、一人の創造主の御業のためにとの思いから、発見していったのである。

ニュートンは二冊の書物の区別を同じ聖なる意味を二つに分けた表現として尊重しつつも、事実上はこれを廃してしまうのだが、同時に最後の大いなる企てに取りかかり、科学を神聖なままにしておくこと、そしてかつては純粋に宗教的な合理性にひそむ科学的合理性を明るみに出すことを試みた。二つの領域——宗教的領域と科学的領域——を融合することは、科学的天才にして神を求める者が見た混合主義的な幻想である。しかしニュートンでさえ、合金を作り上げることは容易ではなかった。一六七〇年代から一六八〇年代にかけてならば、科学の宗教的な本質に対して彼が抱いていた信念——それは必ずしも明確に表明されたわけではないが——も折り紙付きであろうが、人生の終わりに近づくにつれて、*physica sacra*〔神聖な自然学〕に関する書物が急増し、彼自身の宗教的感情も深まり漲《みなぎ》っていたにもかかわらず、科学とその応用が聖職者の手から独立しつつあることに彼は気付いていた。世俗的なニュートン主義は、実際には、ニュートンが創造した宗教的・科学的世界観を破壊しつつあった。歴史的には、黙示録的ヴィジョンにも見られるように、聖なる書物〔聖書〕を壊滅させる宿命にあったのは自然の書物とその規則だったのであり、そして新たなキリストたらんとした彼は反キリスト者となったのである。

III　古代の破戒者・近代の破戒者

一八〇二年に、フランスの没落貴族であったアンリ・ド・サン・シモンは、科学者兼神官の支配下にある新たな教会を創設するよう、当時の人々に訴えたが、彼はこれを称してニュートンの宗教と呼んだのである。(1) 同様の絵空話が以前――一八世紀の終わり頃のことだが――にも、突如として持ち上がったことがあった。また、シャンプラン・ド・ラ・ブロンシュリー〔一〕という疑わしい名前を持つ別のフランス人貴族は、ニュートンの神々しい人格を称えようとしないイギリス国民を徹底的に弾劾する声明《マニフェスト》を出し、ニュートンが誕生した年から暦を算定しなおし、そしてウルスソープに聖地を建設することを提案した。(2) 建築家のエチエンヌ＝ルイ・ブレーは完璧な空洞の形をした巨大な祈念堂を立案したが、回転によって平らになる前の原始地球を象《かたど》って、純粋理性の天才たるニュートンをそこで称えるのにふさわしい殿堂にしようとしたのである。（この計画案のスケッチ〔二〕は一九七二年秋にロンドンにおいて、ロイヤル・アカデミーで行なわれた大掛かりな「新古典主義の時代」展の開催期間中、展示されていた。(3)）この企画は一八世紀におけるニュートニアンの虚言症のピークとなった。

神話となったニュートンではなく、歴史上のニュートンの宗教は、彼の手稿から立ち現われるその姿からすると、抽象的な理性ではなく、言葉の聖別と密接にかかわり、神学的論争や啓示された預言や緻密な聖書釈義といった、啓蒙主義がきわめて侮蔑的に否認したものすべてに雁字搦《がんじがら》めにされているのである。王立協会の *Nullius in verba*〔言葉に価値はなし〕[三]は人間の言葉にのみ当てはまり、神の御言葉には妥当しなかった。

アイザック・ニュートンにとっては、キリスト教という宗教の構造全体が、聖書に書かれた真理と、そしてそれらを理解する人間のさまざまな能力にかかっていたのである。赤ん坊には乳が必要なように、キリスト教徒の一員となるには、彼が原始使徒信条と呼ぶものの中に要約されている、まことの信仰が必要だった。それから、強い人間が肉を欲するように、〔真理という〕肉を欲することができるのは、専門的な神学《ディヴィニティ》に不断にいそしみ、モーセや預言者や使徒が残した文書——これらは聖なる預言者の精神《スピリット》がもたらす真理の託宣であった——の研究にひたすら身を献げる人々、そうしたキリスト教徒による選ばれた団体だけだったのである。[四]

というのも、洗礼と按手礼《あんしゅれい》の教義や、使徒〔パウロ〕が赤ん坊のための乳になぞらえて洗礼の前にすべてを学んでおくべきものとした信経などに内包されている宗教の第一の原理と根本のみならず、きわめて重要な真理が数多くあるにしても、それらは理解することがかなり難しく、救済にとってまったく必要とされない真理もある。またこれら〔難解な真理〕を、実践的に善も悪も見究められるよう訓練された感覚をもつ一人前の人間のための固い肉に、使徒はなぞらえている。肉体が肉で育てられるように、これらの真理が精神には絶えず与えられているのである。(4)

こうしたより高邁な欲求に駆られた人々は、主イエス・キリストの恵みにあずかり、そして彼について精通するうちに、その生涯を終えるのであった。

原始教会においては、その歴史記述の中でニュートンが解釈しているように、キリスト教信仰を素朴に表現した赤ん坊のための乳という言い方は、聖書から直接取られた、創造者たる神やキリストや復活に関する簡潔な言葉に含まれていた。後世による曲解はいずれも堕落であった。ニュートンの立場は直截的で曖昧さに欠けるところはなかった。

われわれは使徒〔パウロ〕によって（第一テモテ一・一三）〔五〕健全な言葉を手本として守るように戒められている。預言者や使徒から伝わらなかった言葉のために争うことは、戒律に反することであり、また戒律を破る者たちは争いによって混乱状態と分裂状態を引き起こしたことでも罪せられる。信仰箇条は聖書から導き出せると言ってもだめなのだ。使徒の伝えたその健全な言葉によってそれは表現されていなければならない。さもないと、永久に不変的なものなどあり得ないし、カトリック教会の安泰もあり得ないのである。というのも人間は心変わりしやすく、疑い深くて、往々にして結論を出すにも岐路に立たされるからだ。過去の異端者たちは結論において間違いだらけだった。真の信仰はこの聖句の中にあったのである。(5)

理想的なキリスト教国家においては、宗教的にどんなに異なる見解の持ち主であろうと、原始使徒信条——「宗教の信条《シンボル》は短くて繰り返しもない……普通の人々が理解しやすく覚えやすいものにすべきだ」とニュートンは語っていた[6]——に同意していれば誰でも陪餐から締め出されることはなかったし、また決して迫害されるはずもなかった。彼は書いている。「次のように付言してもよかろう。すなわち、それ〔信条〕は削除されたいくつかの信仰箇条のように単なる空論に終わらず、すべてのその信仰箇条は宗教の実践全体を左右する実践的真理なのだ、と。[7]」典礼儀式や異質な言葉による教義の数を膨らませてきた世俗の権威や教会の権威に対してニュートンが取った態度は、その気分、その気質、そして政治的情勢によって変わっていった。国教会への随遵を要求することなど犯罪であり、世俗的権力を利己的に求める不当な要求だと決めつけた時代もあった。特別の宗教的慣行を押し付けた当時の政府の人間たちは、後期ローマ世界に現われた邪悪な皇帝たちにも等しかった。俗権〔司法〕を恃《たの》んだ教会は、キリストの法に背く者だったのである。

われわれは迫害者のルールによって迫害を判断すべきではない。治安判事は悪徳の行為または邪悪な行為の理由があればどんな人間でも罰したり首をはねたりできようが、その判事にしても、キリスト教の教授たちが誤った意見を述べたからと言って、毒麦とともに麦も摘み取ってしまわないように〔マタイ一三・二四—三〇〕、彼らを罰することはしないのである。教会は論難しようと破門しようとかまわないが、彼女〔教会〕には治安判事の剣〔権力〕をあしらおうにも治安判事の腕〔権力〕を操る権威などほとんどない。というのも、これは教会自らを裁判官とし、治安判事を単なる死刑執行人とすることだからである。彼女〔教会〕は破門はできても、陪餐を強要できない。もしわキリストはそれ〔破門・陪餐〕を彼女〔教会〕の布教や保身の手段には決してしなかった。もしわれわれが彼ら〔迫害者〕をわれわれと一つにしたければ彼らの中に信仰心を芽生えさせる適切な手段を用いなければならないし、また、何であれ信用が置けないのであればそれは罪なのだから、彼らの信念と相容れないことを彼らに暴力をもって無理矢理させてはならない。教会は暴力によればそのメンバーを増やせるかもしれないが、しかし偽善者しか説き伏せる力がなく、不純な習合とともにいつまでも弱体化し堕落している。そして、これがテオドシウス〔六〕の治世になってローマ人たちが大変に邪悪な行為に奔《はし》ったことの主たる理由だと私は思っているのだが、彼の迫害によって良心の教会は追放され、迫害する教会は帝国の偽善的連中で満たされることになった。すべての迫害者は狼でありマタイ一〇・一六、一七、それを伝道すればどのキリスト教徒も羊の衣をかぶった狼と呼ばれる偽予言者の一人となるマタイ七章[8]〔一五節〕。

宗教的統合を強いたローマ皇帝たちは——同じことが暗にニュートンの時代の君主たちについても言われている——自分たちだけの利益を守ろうとしていたのであって、教会の利益ではなかったし、教会の公会議は単に奴隷的な道具にすぎなかった。

というのも、これ以降になると皇帝たちは公会議を開催して使徒から伝承したのではない言葉の形でいくつかの新しい信仰箇条を作り、キリスト教信仰を彼らの皇帝の利益に好都合なように、またその全員（異教徒、異端者そしてキリスト教徒）が結束して一つの心と一つの宗教になるかもしれない、そんな人々の意向にぴったり合うように組織したからである。というのは、公会議が会議を

召集した皇帝たちの見解を常に確認したことは周知のごとく明白だからである。(9)

時に応じてニュートンはもっと穏やかに語り、非使徒的な言葉や典礼儀式に対して象徴的解釈あるいは「純真な」解釈が許される限りにおいて、それらがたとえ異質なものであっても、平和を願うすべての人によって寛容に扱われるよう弁じもしたのである。神の愛と隣人愛という、宗教上の二つの根本的な戒律は、祭儀が変化したにもかかわらず、キリスト教徒にとってもユダヤ教徒にとっても同様に戒律であり、かつては教会における一体性の基盤となったものである。ある断片においてニュートンはこれらの原理を「自然の法、不変の根拠にもとづくが故に不変の永遠の性質を帯びて、かつてあらゆる民族に拘束力を持ち、これからも持つであろう宗教の主要部分(10)」と呼んでいた――この曖昧な言い方はニュートンには珍しく、一八世紀の理神論のレトリックに酷似している。しかしながら、彼の見方には、彼の宗教の中心が歴史的に神が定められた戒律と預言的啓示の絶対的真理性にあったことから、ブラント〔七〕やコリンズ〔八〕やトーランド〔九〕の教えと共通するものは何もなかったのである。

原始使徒信条の文言が、昔は、不信仰者に対する防波堤となっていた。元来は口頭で伝えられていたものが、この信条表現はキリスト教徒の間では、自分たちを異端者や異教徒と区別するために、一種の合い言葉と化してしまった。しかし、二世紀の終わり近くになると、聖書の言葉で語られた新たな信仰箇条が付け加わって、「信経を創作する権威(11)」の先例となったが、このことが事の始まりとなって、さらに聖書のどこにも見出せない形而上学的概念を導入したことから、崩壊の足音がゆっくりと西方ラテン〔カトリック〕教会に忍び寄っていたのである。すべてが混乱状態に陥り、教会では背教のドラマが始まった。

ニュートンが宗教の中興者であったならば、一般のキリスト教徒たちには簡略な使徒信条をひたすら反芻させ、そして戒律を守らせたであろう。言葉のもつ厳密な意義に関する限り、人々の間で意見が異なっても論争にはならないかもしれない。[12] しかし、神学者ニュートン自身は赤ん坊のためのこうした乳〔の比喩〕に甘んじることができなかったから、信経のより深い意味――とりわけイエス・キリストの人物像について、彼はその初めにおいて何者なのか、彼は世の終わりに何者となるのか、彼とパントクラトールたる神とはいかなる関係にあるのか――を、聖書と教会の歴史の中に、探究しなければならなかった。イエスや三位一体に関するニュートン自筆の断片は、ヨハネ〔第一の手紙〕とテモテ〔第一の手紙〕の中の引証聖句に異を唱えた彼の二通の学問的書簡が（一〇）一八世紀半ばに印刷されたのを初めとして、デヴィッド・ブルースター（一一）がいささか困惑しながら出版した融和神学《イレニクム》に関するわずかな手稿や、マクラクランによるケインズ文書からの抜粋（一二）に至るまで、少しずつ後世に伝えられてきた。そして、キリストの本性に関する手稿は、ほぼ半世紀にわたって書き継がれたものであるが、今日に至るまでその大部分が出版されずに残っている。

ニュートンが一つの立場に固執することのなかった神学的問題はたくさんある。キリストは全世界が存在する前に存在したのだろうか、また彼はこの世を神の命令で創られたのだろうか。キリストは天使よりも上位の者だったのか、下位の者だったのか。キリストの本性のように異論のある問題は、聖書――ニュートンの唯一の手引書――が教示するところに従って、やや簡単に論文の形でまとめられた。彼は、「アドウェルサリア・テオロギカ」（一三）におけるロックと同様に、別の道に重きを置いていた。ニュートンの反三位一体論の多くに類似する記述は、サミュエル・クラークやウィリアム・ホイストンの浩瀚な著作や、ユニテリアンを公言していたトーマス・エムリン、[一四]キリスト人間論者《フマニテリアン》のホプトン・ハインズ、[一五]ソッチーニ派のザムエル・クレル[一六]たちの著作にも見出せる。これらの男たちは、教義をめぐる見解にいくつかの相違——神学者であれば看過しないような相違だ——があったにもかかわらず、反三位一体という、聖書の引用がたっぷり詰まった共有財産を持っていた。彼らの著書も彼らに挑発されて頻繁に出された国教会の反駁論も、ニュートンは丹念に読んでいた。しかし、彼は変わることなく自分自身の道を見出すことに努めた。異端として認められたカテゴリー——アリウス主義者やソッチーニ派やユニテリアンや理神論者——の一つに彼を分類するために、彼の反三位一体主義に飛びつくのは間違いなのである。

ニュートンにとって教会史における悪役の代表はアリウスよりもむしろアタナシオスであったが、その一方で、その論争を形而上学的に難解なものにし、聖書の平易な言葉を破壊したことから、彼はアリウスもアタナシオスも非難している。

> 二人とも形而上学的な見解をもって教会を悩ませ、聖書が認めていない新奇な言葉を使って自らの見解を述べた。ギリシャ人たちはこうした革新的なものや形而上学的な難問から教会を守り、彼らが誘発した混乱状態を終わらせるために公会議の場で幾度かアリウスの新奇な言葉を糾弾し、またホモウシオス派[一七]の新奇な言葉を撤回させることができると、すぐさま聖書の言葉が忠実に守られるべきことを主張した。ホモウシオス派は、君主としての単一性、主権の単一性、父からすべてのも

のを受け取り、彼の下にあり、彼の意志を実行し、彼の玉座に座し、そして彼をわが神と呼ぶ子、またそうして王と副王がただ一人の王であるごとく子は父と唯一の神なのである……また従って父と子が本同質《コンサブスタンシャル》であるために一人の王とは呼び得ないが主権の単一性によって一人の王と呼んでもよいように、もし子が父の下で副王であるならば、神と彼の子は彼らが本同質であるために唯一の神とも呼び得ないのである。(13)

今日の研究水準からすると、ニュートンの描くアタナシオス像は想像の産物であり、アタナシオスが自らの名前を冠した信経の作者であることは早くから否定されている。ニュートンはヒエロニュムスが新約聖書の本文を改変し、アタナシオスによる不正な改竄もある、という自らの信念を公表したのに加えて、(14)キリストの本性に関する彼自身の信仰が正統三位一体派の信仰やキリストを単なる人間と考える一派の信仰とは違うことを示すのに大いに苦労した。また、彼が用いた論法には、たとえそれが非正統的なキリスト論を革新的に書き改めるほどのものではないにしても、ニュートンらしい趣きがある。聖書の中では神の名が三一神の三つのペルソナのうち同時に一つ以上のペルソナを表わすために使われることは決してない、このようにニュートンは主張し、またそれが特に子または聖霊に限定されずに現われる場合には常に父を意味する、とも主張した。子が父から区別されている証拠はさらにあり、父の意志に子が従うことを自ら告白していること、父がより偉大であること、来るべき事柄をすべて予知できるのは父だけであることを認めていることなどからも、明らかなのである。しかしキリストは単なる人間ではなかった。彼は神の子であって、人間の形でこの世に送られた霊を超えていた。もしそうでなければ、使徒たちはかくも重大な事実に必ずや触れたであろう。神は全能とされたが、この形容の仕方は妥当なものであった。それは子の権能を制約するものではなかったけれども、キリストの権能が父に由来するものであること、また彼は一人では何もできないことを意味していた。すべての事柄において、子は自らの意志を父に従わせたのであるが、もしキリストが神に等しい者ならば、これはまったく不合理になるであろう。父と子の結合体は、意志の合致である聖者たちのそれに似ていた。同じ属性は父にも子にも当てはまったが、しかし子はその属性を父から受け継いだために、彼らはまったく異なってい た。「異教徒たちは彼らの神をみな一つの実体のあるものとし、時にそれらを一つの神と呼んだが、やはり多神教徒のままであった。何ものも二つのペルソナを一つの神たらしめないが主権を単一のものとすることはできる。そして、もし父と子が主権において単一化され、子が父に従いその玉座に座るならば、彼らをもはや二つの神と呼ぶことはできず、王と副王は二人の王と呼び得るのである。[15]」別の手稿では、同本質性によってキリストの神性あるいは崇められるキリストの権利は確立しなかったとする否定的な根拠を示して、ニュートンはこの同本質性の教義について論駁した。「異教徒やグノーシス主義者は至高の神と一つの実体となるために彼らの神のみならず人間の魂や星々さえも想定していたが、それらを崇拝することからやはり偶像崇拝者であった。また、これを信じる者は、キリストを単なる人間を超えた者としなくても、キリストが父と一つの実体であることを信じてもよかろう。崇拝されるように権利を与えるのは、同本質性ではなく、権力と主権なのである。[16]」

ニュートンは絶えず受肉のイエスに注意を向けていた。イエスは、何人かのグノーシス主義者たちが主張するように、精霊《スピリット》ではなかった。彼が肉となって地上に何度も現われたことは、聖句に証拠がある。「彼がトマスに触れたこと〔一八〕がその復活の後に受肉した証拠となるように、彼がヤコブと格闘したこと〔一九〕も、彼が受肉の前に肉体を持っていた十分な証拠である。肉と骨を持たない天使の体ではなく、その意志の力によればその受肉の前であろうと復活の後であろうと彼が肉と骨によって丈夫で頑健になれるような体(17)」、とニュートンは書いている。時間の流れる中で、キリストは救い主、御使い、代理人、神の下の副支配者、審判者として、精神的にも肉体的にもいろいろな姿形を装ったし、装おうとした。彼は神の意志を遂行した。しかし、彼の実体を神と一致させることは、最大の冒瀆であった。

　ニュートンは、カトリシズムを思い起こさせる偶像崇拝的慣行に拒絶反応を示して、苛立ちに満ちた言葉を叫んだ。「われわれは神と人の仲保者として天使を頼ってはならないし使者の魂を呼び醒ましてもいけない。というのもただ唯一の神がいるように神と人との間にただ一人の仲保者、キリスト・イエスという男がいるからだ(18)。」しかし「キリスト・イエスという男」(第一テモテによる)という言い方は、ニュートンの手稿には何度も現われるが、キリストをありきたりの預言者または霊感をもつ人間と同一視するような、一八世紀理神論的見解を彼に押し付けようとして、その文脈を度外視すべきではなかろう。多くの者たちが試みてきたことではあるが、ニュートンを一九世紀ニュー・イングランド的ユニテリアンに変身させるべきでもないのだ。ニュートンと彼のスポークスマンであるリチャード・ベントリーやサミュエル・クラークは、キリストや啓示宗教に関する自分たちの見解と流行《はやり》になっていた理神論との間にはっきりと一線を画していた。キリストはメシアであり神の子であった。そして復活の後、選ばれた者のための天空の家を宇宙のかなたに用意するのが、キリストだったのである。

　父なる神の絶対支配と至上専制から逸脱したようなものは何であれ、ニュートンにとってはきわめて不愉快だった。聖霊は預言の霊にすぎなかった。また、キリストは神の小羊ではあったけれども、祈りの言葉は「神の名において小羊ではなく、小羊の名において神(19)」に向けて唱えるべきものであった。サミュエル・クラークと違って、三一神論的な個所のすべてに乱暴な筆致で大幅に手を加えたような、国教徒用《アングリカン》に改訂された典礼聖歌付祈禱書をニュートンは一冊たりとも遺さなかった――〔クラーク所有の〕祈禱書は大英博物館に保存されている(20)――が、神の僕《しもべ》としての人間に義務づけられた唯一の神への服従を強調し、三位一体の他の二つのペルソナ〔キリストと聖霊〕を軽視した、クラークによるいずれの削除も書き換えも、ニュートンは原則として同意していたのではあるまいか。

キリスト論的教義に関するニュートンの精緻な議論――その詳細は今回の講演の範囲を超えている――がたとえどのようなものであっても、全知全能の神、主《ロード》にして統治者《マスター》たる神が、愛と慈しみの神のイメージに取って代わっていったような印象はまぬかれない。一七世紀を代表する科学者の間では、カトリックに属する者もプロテスタントに属する者も、キリスト論のような宗教上の中心的テーマを避ける動きが見られた。ガリレオやデカルトは、彼らの著書において、イエスに言及することを避けた。ケプラーやニュートンはキリストの生涯に関する論文を物しているが、彼らの関心の的には力点の変化が鮮やかに現われている。天文学上のデータをもとに、ケプラーはキリストの誕生の年を紀元前五年に改めた。ニュートンはケプラーを肯定的に引用しており、また彼自身の小論文の執筆目的は、キリスト磔刑が紀元後三三年ではなく、三四年に行なわれた事実を立証することにあった。ただ一点において彼は、細心の注意を払って時代の再構築を歴史的に行なうことにより、キリストが異教徒の祝祭日であるクリスマスの日ではなく、春に誕生したのではないかと考えさえしたのである(21)。救い主キリストの誕生日は議論可能な年代学のテーマとなった。神の全知全能性に神の博愛性がゆっくりと押しやられるにつれて、永遠の愛の象徴であったキリストは首位の座から降ろされることになった。もちろん、サミュエル・クラークの説教やニュートンの手稿の中にも、神の慈しみに関する文言はあった。しかし、神の全知全能を賛美することに比べるならば、それらの言葉は最低限のものであった。このことを十分に意識することはなくとも、ニュートンは科学の時代にふさわしい新たな宗教のために道を備《そな》えていたのかもしれない――大いなる力と知識とかけがえのないささやかな愛の宗教、これに一八世紀末のフランス人たちはしきりに神の名を充《あ》てようとしたのである。

しかし、もしニュートンの神学におけるキリストの役割が正統的信仰とは違っているのであれば、またもし彼の教会史において彼が絶えず自らの反三位一体的信仰を反芻しているのであれば、なぜ彼はウィリアム・ホィストンと共に立ち上がって原始使徒信条に混入した異質な文言のすべてと闘わなかったのか。なぜ彼はホィストンが創設した「原始キリスト教再生協会」に参加しなかったのか。ニュートンの死後、キリスト人性論者《フマニテリアン》ホプトン・ヘインズは、二、三十年にわたりニュートン長官時代の造幣局に勤めていたが、ルターやカルヴァンの改革と同じように教会における改革を導くべき召命を気に留めなかったニュートンを、密かに批判していた[22]。ホィストンは異端者としてルーカス講座担任教授の地位から追われたが、彼もその回想録において宗教的二枚舌を使ったニュートンを告発したのである[23]。

ニュートンは偽善者だったのか。彼は怖れていたのか。造幣局長官と王立協会の会長になった時、彼は贅沢三昧の生活に屈してしまったのか。偉大な人物の中のタルチュフ[二〇]的背信者の存在を暴くことに唯一の歓びを見出す人々がいた――そうすることによって、一瞬ではあっても、彼はわれわれのレヴェルに貶められるのである。神のごときニュートンも、どうやら、人間にすぎなかったのだ、と。しかし、ニュートンがホィストンと運命を共にしなかったことには、もっともな理由があった。ニュートンは、宗教団体や政治団体の内部において異議を唱えるすべての者を襲う、そのような永遠の問題に直面したのである。違いに甘んじ、それを取り繕い、団結のために沈黙を守るべきなのか、あるいは良心の声に耳を傾け特殊な真理であろうともそれを公言すべきなのか。人々の信仰は変わっていく。教会が神聖視する三位一体の教義を、カトリックの化体説と同様に、奇異に感じる時代がやって来るであろう、ジョン・コンデュイットに対して、彼はこのように語った。不幸の時代が過ぎ去ったにもかかわらず、なぜそんなに騒ぐ必要があるのだろうか、と。反三位一体的見解を公表した人間に与えられる罰は過酷であった。そして、不自由のない生活と社会的威信と精神的安定を保とうとする単純な動機は別にして、ニュートンの手稿は、彼が真に融和神学《イレニクム》的な深い信念を懐いていたことを証明しているが、それは最初ケンブリッジ・プラトン主義によって育まれ、ジョン・ロックと親交を結んでいた数年の間にふたたびその信念は強められたのである。

もしニュートンの描くキリストの本性が引照聖句の多さにもかかわらず問題を残しているとすれば、ニュートンの悪魔はさらに厄介である。若い頃のニュートンは彼が生まれた地方によく見られた呪術的悪霊信仰から免れていなかった。彼のノートの一冊には、悪寒と熱を防ぐための魔除けとして身に着けるために、イエスに遡るとされていた引用文が速記で書き留められている。(24) 一六七〇年代から一六八〇年代にかけてのケンブリッジ時代に属する彼の手稿、特に創世記や黙示録の数個所に付された註釈は、悪魔が史的世界の中で活動する存在である、という直接的な言及に充ちているのである。

陸と海の住人たちの中に降りて来た悪魔は、ドラゴンすなわち昔は悪魔とかサタンとか呼ばれた蛇のことである。彼はミカエルによって天上から放逐され、その放逐された時からこうした人々の所に降りて来たのであるが、それはコンスタンティヌスがリキニウスに勝利した後[二二]まもなくのことである。そして、昔この悪魔はこれらの住人たちの中にいなかったのに、怒りに燃えて彼らの所にやって来てからは、悪魔は彼らの敵となり、また住人たちは神の民となって、今や異教徒の間でこれまで権勢を振るってきたその悪魔に彼らは攻撃され始めることになるという次第だ。外庭で礼拝をしていたキリスト教徒の所に、彼は神殿の奥の院から降りて来た。彼は自分にほんの短い時間、すなわち権勢を振るうには短い時間しかないことを知りながらも、怒りに燃えてやって来て、結果的に彼らの間に新たな支配を築くことに成功したのである。というのも、彼はただちにその女〔エヴァ〕を苦しめ彼女を荒野に飛び込ませ、神の戒律を守りイエスについて証しをする彼女の裔《すえ》の人々に戦争を仕掛けたからである。それ故に、女と彼女の裔は怒りに燃えた悪魔に襲われた者たち、すなわち、陸と海の住人あるいは少なくともこれらの住人の中の聖職者であった。彼の怒りは大きかった、すなわち彼は急いで優位に立とうとした、なぜなら彼は、じきに底無しの穴に投げ込まれることになっていて、支配するための時間がわずかしかなかったからだ。[25]

しかしながら、ニュートンがロンドン時代に書いた融和神学《イレニクム》に関する草稿では、悪魔は肉欲の象徴に変質させられたように思われるし、その実在性もかなり疑わしくなっている。だが、ある日の王立造幣局でのこと、一八世紀に書かれた硬貨鋳造に関する一枚の手稿の裏面から私の前に悪魔が突然姿を現わしたのであるが、ニュートンの一七世紀末の文書に出てくる象徴的悪魔に慣れ親しんでいた私からすると、この悪魔はそれほど抽象的なものではなかった。(26)「神に逆らう悪魔」、「邪悪な者の父」、「その子供たちによって崇拝されている」悪魔の策略にかからぬよう、ニュートンは警告を発するのだ。そのくだりは、部分的に削除の線が引いてあるが、厳かな勧告で終わっている。「悪魔に抵抗せよ、さすれば彼はお前から去るであろう」、と。明らかに、ニュートンの描くキリストもニュートンの描く悪魔も数年の間に変貌を遂げた。このような変化がいつ起こったのか、その時期は推測にとどまるにせよ、若者の子供じみた信仰だと割引いて考えても、その一般的性向ははっきりしており、まさに時代精神を反映していたのである。その心理的影響はニュートンにとってはその人生が流れる中で薄れていったものの、キリストと悪魔は力なのであった。科学はじわじわと打撃を与えていき、神の解釈者たるニュートンと一緒に、神を玉座《マエスタ》に置き去りにしつつあったのである。

　ニュートンが人前での寡黙をいかに重んじ、その融和神学手稿——この中でキリスト教全体の教えは、ほとんど説明を要しないわずかな根本原則に還元されている——において寛容をいかに説いたとしても、教会が行なった破戒に関する彼の歴史記述を読めば、そこに漲っている憎悪の念についてわれわれはごまかされるはずはない。その歴史記述は饒舌であり、毒舌を振るい、そして個々人を容赦なく攻撃するのである。一方で、自由主義《ラティチューディナリアン》者精神に傾倒する。他方で、聖書のわかりやすい真理を意図的に歪曲し、また宗教めかした形而上学的概念を導入したとしても、何も言わない。このように傾倒することと沈黙することとは問題を異にしていた。ニュートンの神学文書のほとんどが、新約聖書本文の改竄や〔東西〕教会公会議における粉飾を暴露し、原初的自然宗教の破戒者や神と人間との真の関係を形而上学的に惑乱する者たちの仮面をはぐことに徹している。こうした攻撃的な論争によって心理的欲求がいくぶん和らぐことについて、私は別のところで詳論したことがある。真の宗教の敵を追い詰め、その偽善的行為を暴いていく過程の中にせよ、ニュートンは彼個人には必要のないものまで表わせる概念的枠組みを創出したのである。似たような信仰心をもち、彼の思想の、少なくとも輪郭だけでもわかるような教養人の存在は、イングランドではかなりの数にのぼった――それは『プリンキピア』が理解できる人の数よりもはるかに多かったのである。

宗教の破戒者たちは古代にも近代にも大勢いた。当時の教皇たちや彼らに先行する偶像崇拝の異教徒たち。また、イングランドの偏狭な狂信者たち――いわゆる新預言者たち――、そして彼らの同類として、原始キリスト教時代の妄想にとらわれた修道士たち、キリストを否認したパリサイ派のユダヤ人たち。ホッブズといった、同時代の理神論者たちや無神論者たち、古代で彼らに相当するのは、すべてを偶然の出来事とした、神学的快楽主義者《エピキュリアン》たちである。そして最後に、形而上学と宗教とを混同した哲学者たち、とりわけ近世の合理主義的体系を構築したデカルトやライプニッツ、また彼らの祖先に当たるグノーシス主義者やカバラ主義者やプラトン主義者。これらの者たちはニュートンの神にとって敵であった。その中には、ユダヤ人のように、救済されてよい者たちもいたし、ひょっとすると無神論者も救済可能だったのかもしれない。同様に、狂信者たちの直接の影響によってたとえ邪教が広まったにしても、彼らも迷妄からさめるかもしれないのだ。ニュートンはヘンリー・モアの狂信的信仰や無神論に関する見解を受け容れたが、それは一つのコインの裏表としてであった。（サミュエル・バトラー[一二]の『ヒューディブラス』には、千年王国の預言者たちを風刺した軽妙な詩が出てくるのだが、それはニュートンの書斎には珍しく、同時代の軽い文学作品の一点だった。）しかし、教皇派〔イギリス・カトリック教徒〕は悪行の玄義のまさに権化であり、彼らを殲滅することは宿命だった。また、あらゆる時代の形而上学者たちが、神というまやかしの観念をまき散らしながら、彼らの背後に控えていたのである。

狂信者、神秘論者、二枚舌を使う者、ニュートンが「人類の中で興奮しやすく迷信深い輩」と呼んだ者、すべてが偽の預言者であり、彼らの与り知らぬ啓示を触れまわる者であった。ニュートンは、バートンを初めとしてモアに至るまで、当時の宗教的情念や預言とおぼしきヴィジョンを単純な精神異常と同一視する一七世紀文学を我が物としていた。その教会史の中で、修道士たちの宗教的な幻覚体験に関して、彼は独自の心理学的説明を加えている。彼らが幻覚を見たのは禁欲的苦行をやり過ぎた時であって、そのためそれは真の神の使信ではなく、病いか悪魔の罠か、彼は両者の間を揺れているが、そのどちらかの徴候だったのだ、と。

真の預言——奇跡のような——は、人間が宗教に帰依し神の知識を究めるために必要とする預言がすべてダニエル書やヨハネの黙示録にすでに収められたために、すっかり絶えてしまった、しかも永遠に。神は余徳《スペレロガテイー》〔一三〕の業を宥《ゆる》さなかった。ニュートンとロックはこのような問題を議論していたのであるが、自分たちの時代が預言者の時代ではなく、合理的な預言解釈者の時代であること、そのこと自体に重要な相関関係があることで意見が一致していた。

狂信的信仰者や妄想修道士のほかに、ユダヤ人たちもまた宗教上の境界線を越えたのだった。モーセが律法を取り戻した後に訪れた唯一神信仰の絶頂期にあって、彼らはどんな人々よりもニュートンの真の宗教という思想に近づいていたが、殊に歴史上のユダヤ教信仰をモーセス・マイモニデスの著作に見られるその合理論的な定式化の枠内で定義してみると、ニュートンをユダヤ教的に理解してみたくもなるのである。ニュートンの宗教にとって重要な二つの側面である、聖書解釈の方法においても預言の分析においても、彼は中世のユダヤ人註釈学者たちが作る主流派の中におり、カバラ学者の取り止めのない寓意的解釈とは真っ向から対立していた。ケンブリッジにおけるニュートンの同僚ジョン・スペンサーや、ニュートンが『プリンキピア』の一般的注解において「我がポーコック」と親しげに呼んだ、このクライスト・チャーチのアラビア学およびヘブライ学の大家などによって国教会《アングリカン》の世界に導かれたように、彼の預言者に対するイメージは直接マイモニデスに由来するものだったのかもしれない。ユダヤ人たちは、彼らが聖書の預言という明白な証拠を否定しキリストを拒んだことから、追放しなければならなかった。しかし、彼らの決定的な回心とエルサレムへの帰還は、まるで千年王国信仰の一説に共通する語り口で予言されていたのである。

この故に私は次のような事柄を考察する。第一に昔の預言者たちによってさんざん語られてきたユダヤ民族の救済は、異邦人〔キリスト教徒〕が満ち溢れるようになる頃、すなわち（バビロンの陥落を伝える）福音があらゆる民族に宣教され始める頃になって最後には悔い改めるように、使徒の時代に悔い改めた少数のユダヤ人ではなく、不信のユダヤの離散した民を慮っていること。〔二四〕第二に使徒〔パウロ〕がここでイザヤの預言を引きながら上で述べたことはユダヤ民族の将来の回心と復権の時期を慮ることに限られていること、そして第三にキリスト教徒の間で長らくはやった笑い話で、ユダヤ人に対して自らを誇り、また信仰心を欠く彼らを侮辱する話が、おごりとうぬぼれの故に使徒によって非難されていること、ましてやわれわれが彼らを食い物にすることは、パリサイ人〔独善〕的であり、不遜なことである。[27]

昔から存在したキリスト教の全破戒者の中で、二つのグループがニュートンや教皇派〔イギリス・カトリック教徒〕や形而上学者たちを虜にしており、逆説的にせよ彼らはその内奥ではお互いに通じ合っていたのである。教皇派たちは本質的に偶像崇拝に染まって一性を乱し、人間を神として崇める者であり、たとえば聖遺物のように、人間にはない力があると信じられていた事物を崇拝する者であったから、その時代の標準的なやり方で、彼らは糾弾されたのである。カトリック教徒はローマという侵略大国による統治を受け容れ、無辜の人々を殺戮したことにおいて有罪であった。ニュートンは教皇派を酷評し憤っているのだが、それは〔国教会に対する〕造反伝道師たちの激しい怒りにも劣らずすさまじい怒り方だった。「これは、獣《けもの》が聖人たちと戦いそして彼らを打ち負かす〔二五〕、そんな類の迫害であり、バビロンの淫女が聖人とイエスの証人たちの血に酔いしれる〔二六〕、そんな類の迫害である。[28]」教皇による支配は反キリスト者の統治と同じであった。この支配がどのように生じたのか、そしていつ終焉を迎えることになるのか、それはニュートンを夢中にさせた問題の一つだった。一六九三年に彼が心理的危機に襲われている間、ニュートンは精神的に動揺して、サミュエル・ピープスが自分を教皇派に抱き込もうとしていると、根拠もないのに急にピープスに対して嫌みを言い始めている——まったく忌まわしい悪夢だったのだが[29]。

カトリック信仰に対する反感が募るあまりニュートンの教会史は中断してしまったが、それでも、その基本的に合理主義的な大枠は損なわれてはいない。この歴史書のラテン語版に付された緒言において、ニュートンは「キリスト教徒にとって物事を真に理解することは教会史にかかっている」との主張を断言している[30]。教会が一連の段階を経て没落していき、そして原始信仰箇条から教義的に逸脱していったその状況を説明することによってのみ、巨大化したキリスト教の化けの皮を剝がすことができるであろう。本来のキリスト教信仰は素朴であったが、「異教徒やカバラ学者やスコラ学者といった学問に長けた人々は形而上学を利用しながら、聖書から道徳観念を排除し形而上学的観念に従って解釈を行ない、またそうすることによってそれ〔キリスト教〕を難解なものにしたために、それを堕落させてしまった[31]。」

　教会が成立して最初の数百年間に現われた背教の歴史を語る史家として、ニュートンは形而上学の悪弊をはびこらせる主な要因を三つ挙げている。すなわち、ユダヤのカバラ学者、哲学者、その中でもプラトンとプラトン主義者は最悪のつまづきであり、そしてグノーシス主義者、その中ではシモン・マゴス〔二七〕が主犯格的元凶であった。カバラに関するニュートンの知識は、ヘンリー・モアやフランシス・メルクリウス・ヴァン・ヘルモント〔二八〕の手になる論考をも収載した、おそらくクリスティアン・クノール・フォン・ローゼンロートの『解明されたカバラ』に限定されている[32]。彼のノートが示すように、ニュートンはその教えに反論するため慎重にこの作品を研究していたのである。この本は、研究材料としてよりもむしろ議論の的となってきたものだが、『ツォハル』〔二九〕の（抜粋が含まれているけれども）翻訳ではなく、ヘブライ語以外の言語によって初めて、主なカバラ哲学の潮流のすべてを大まかに考察したものであって、そこでは『ツォハル』に見られる思想もルーリア・アシュケナージ〔三〇〕（「ハーアリ〔獅子〕」）の一六世紀の新カバラに代表される思想も扱われている。『ツォハル』そのものの底本は、モーセス・デ・レオン〔三一〕によって一三世紀後半に擬アラム語で書かれた偽書であるが、それが広く流布したのはシメオン・バル・ヨハイ〔三二〕がこの作品を再発見したのが二世紀のことと信じられていたからである。キリスト教世界の一部の人やユダヤ教世界の大部分の人たちとともに、ニュートンはこの伝統的な年代決定に信頼を置いていた。彼の目的からすると、カバラ学者たちは同時代のユダヤ神秘主義者ではなく、原始キリスト教時代に生きる古代人であった。カバラ学者という概念が原始教会の時代のエジプトやパレスティナに住むユダヤ人たちの間に秘儀的で神智学的な教義を教え広めた人々のことを意味するとした彼の用語法や、ユダヤ人の創造力にヘレニズムの影響が及んだことを強調したことは、カバラの起源をその時代にまで遡る、今日の多くの学者からも支持を得られるであろう。

　ニュートンが見るところ、カバラ学者やプラトン主義者やグノーシス主義者たちは、共通して一つの誤った教義を信奉していたが、彼らはキリスト教に回心すると、それと同時にキリスト教神学にその教義を持ち込んだのだった。それは流出《エマナエイオ》の理論であり、それによると劣った霊的存在は神から生まれ神的本質を有していたが、流出は神的な意志による創造行為ではなかった。「グノーシス主義者はプラトン主義者やカバラ主義者に倣《なら》って、現実的存在あるいは実体として神の心の中に住まう思想や観念や知的客体について考察がなされ、動物たちが交尾するように、あるいは異教徒たちが彼らの神々が交わるものとみなし、そのことから神々を本同質的なものと考えたように、それらは男と女があって実体の射出〔射精〕によって発生するものと信じていた……」(33) ニュートンにとってこのような教義は、唯一の神による ***ex nihilo***〔無から〕の世界の創造を否定し、何百もの異教的霊や半神半人や神や悪霊が生まれ、その数を増やしていく物語を思い起こさせるのであったが、それはまさに破戒行為の本質、十戒の中の第一の、そして最も重要な戒律を否定するものであった。この破戒の淵源は、未開のエジプト人とカルデア人の一神教が、自然的な力に本当の神々が宿るとした、支離滅裂な形而上学的偶像崇拝に堕落したことにあったが、彼はそのことに気付いていたのである。人間が二度にわたって転落する仕組みについては一七世紀になるとさまざまに考えがめぐらされたが、ニュートンの説は当時の諸理論が混ざり合っており、それらの理論も教父やマイモニデスに遡ることができるものである。ニュートンの世界史的な見方によると、後世のあらゆるタイプの堕落を派生させた、たった一つの不浄の原因が宗教の中にすでに存在していてもおかしくはないし、それに続いて具体的に何が生まれようと、原初的悪の純化された本性は昔も今も変わらないのである。ニュートンにとって科学研究や預言研究においては単純性が理想であったが、歴史研究においても同様に彼はその理想を目指したのだった。

　カバラ主義に関してニュートンが描いた、いささか想像力に富む歴史によると、ユダヤ人カバラ主義者たちがバビロンの捕囚期にはカルデアの予言者たちと交流を持ち、またアレクサンドリアではエジプト神官やギリシャ人哲学者たちと付き合ったために、彼らの純粋にモーセ的な唯一神信仰も流出の教義がもたらす悪影響を被ることになった。そのせいで、無限、すなわち *en-soph*〔エーン・ソーフ〕[三三]を彼らは構想するようになったが、彼らが *sephirot*〔セフィロート〕[三四]と呼び、神の属性を単に具現化したにすぎない、十段階の付随的な流出はこの無限から起こるのだった。こうしたユダヤ人カバラ主義者の中で数人の者がキリスト教徒になった時、彼らは原始教会の純粋で単純な信仰にその教義を持ち込んでおり、そこに醸し出される怪しげな知的雰囲気の中で、化体説のような偶像崇拝的ドグマが生じたのである。それは流出の教義から三位一体説への一歩にすぎなかった。

カバラ主義者はセフィロートの根源と源泉を最も重んじ、第一のセフィロートであるケテルが他の九つのセフィロートを内包し、そこでは最高の王冠と呼ばれる領域であると述べた。無限者は大いなる球状空間において諸々の世界を創造するつもりであったが、そこから身を引き、そして段階的にこの空間に一〇の付随的な流出をさせたのだった……

またカバラ主義者の神学をグノーシス主義者のそれと比較してみるならば、カバラ主義者はユダヤ教的グノーシス主義者であり、グノーシス主義者がキリスト教的カバラ主義者であることは明らかであろう(34)。

カバラ主義者のセフィロートは神的人格とみなされた、父なる神の力と情愛にほかならない(すなわち、彼の王冠あるいは第一の至高の流出、彼の知恵、彼の賢慮、彼の偉大さ、彼の力、彼の美しさ、彼の永遠性、彼の栄光、彼が万物の援軍にして創設者であることそして彼の統治)とするとグノーシス主義者のアイオーンは同じ類のものであった(35)。

使徒〔パウロ〕がユダヤの作り話や「果てしない系図や不当に知識と呼ばれている反対論」を非難した時〔三五〕、カバラ主義者の知識のこと、さらにそれがキリスト教に浸透しつつあったことが彼の念頭にあったのである(36)。

プラトン主義者たち——その中でも「プラトンの偉大な崇拝者」たるアレクサンドリアのクレメンスは異彩を放つ傑物だった——は、同様の精神から御言葉を御父の全能の力であり、知恵であり、イデアであると考えたが、彼らの神学によると創造を実現したのは御言葉であり、御言葉が肉となった時イエスが生まれたのである。[37] 流出というプラトン主義的概念は二世紀末には教会において広まっていたが、プラトン哲学に傾倒していたギリシャ人キリスト教改宗者たちがこの概念を伝えたのがその頃のことなのである。というのも、こうした人々は、その改宗後も、かつて仕込まれた哲学的な思考の仕方や宗教的なものの考え方を変えないことが多かったからだが、かくして彼らは教会の中で始まった形而上学的な議論に対して相当の責任を負うことになった。「プラトンや他の異教哲学者の原理に通じていた人々がキリスト教徒になる前に受けた教育、キリスト教徒になった後に行なわれた数人の学識者たちによる異教的知識の研究……そしてラテン教会〔西方カトリック〕に異端者の加入が認められたことは……教会自身の中できわめて早い時期からいくつかの誤った見解をまき散らすきっかけとなった。[38]」

王立造幣局に残された書類の裏面を見ると、ニュートンはこのような誤解をキリスト教のプラトン主義的歪曲と決めつけ、またアテネ出身で二世紀のギリシャ人教父であり、『キリスト教徒のための嘆願書』の著者であったアテナゴラスを取り上げて、嘘の教義を伝えた典型的人物と断じた。

アテナゴラスはキリストを万物のイデアと呼んでいるが、それはキリストをプラトン主義者の言うロゴスとみなしているからだ。そして神は未来永劫に理性的であることから常にこのロゴスを神自身の内に保持したと述べているが、それはキリストを御父の内なる理性であり知恵であらしめ、か

かる λόγος ἐνδιάθετος〔内なる理性〕がなければ、御父は ἄσοφος〔愚か〕で ἄλογος〔理性を欠く〕存在になるということだ。さらにまた、神が世界を創造するために作られた（あるいは無から創造された）のではなく万物のイデアでありエネルギー[三六]である御父から生まれた彼を御父の第一子と呼ぶことによって、〔アナクサゴラスは〕無限に流れる時間からではなく創造が始まる時にキリストが生み出されたものと考えたが、内なるロゴスはグノーシス主義者の言うアイオーンやカタフリュギア派[三七]やプラトン主義者の言うロゴスのごとく創造の瞬間に外に放射されるか放出されると言うのである。というのもアテナゴラスは……聖霊もまた御父の流出とするが、それは必然的で永久的な流出ではなく、太陽の光線が御父から発射せられ反射されるごとく、時に御父から流れ出たり、時に御父に逆流するような、恣意的で一時的な流出だと考えるからである[39]。

ニュートンは、例えば「神の小羊」とか「人の子」とか「神の子」といった、キリストを表わす聖書の簡単でわかりやすい名称にプラトン主義者たちが秘儀的な意味を付与したことから、彼らを非難したのだった。自分の教会史において、彼は悲憤慷慨して、「プラトン主義あるいは形而上学とどういう関係があるというのか私には皆目わからない……聖書は人々に形而上学ではなく道徳を教えるために与えられたのではないのか[40]」、と声高に述べている。ニュートンの言うことを、ケンブリッジ・プラトン主義者の哲学的教義と安易に同一視してしまうことには、青年時代にケンブリッジ・プラトン主義者の間に混じって生きていたとは言え、やはり修正が必要なのである。

初期破戒者の第三グループに当たるのはグノーシス主義者だが、彼らの形而上学的考え方は、異教的偶像崇拝者からもカバラ主義者からも引張り凧《ひっぱりだこ》だった。グノーシス主義者は第一原因とそれぞれの生まれ方から男の神と女の神とを分けたが、「それは動物が射精によって同じ種の別個体の動物を産むがごとき実体の放出によるのである。[41]」グノーシス主義者のある一派は、世界の造り主が主の父とは異なっていること、作り上げた者の息子は一個のペルソナであり、天上から降りてきたキリストは、鳩の形をしてイエスに舞い降りた別個のペルソナであることを信じ、そしてイエスがピラトの前に引き出された時、この鳩が彼の *pleroma*〔三八〕〔プレーローマ〕に帰っていったのだと信じた。[42] あるグノーシス主義者はイエスがヨセフとマリアの息子であると告白し、別のグノーシス主義者はイエスが「パイプの中の水のごとく」マリアの中を通り抜けていったのだと公言した。[43] ニュートンは、シモン・マゴスを攻撃している教父たちから抜書きを作って、彼に関する教義をまとめてみたが、その結果、シモンはユニテリアン的異端の概念化を初めて試みた者である、という解釈にたどり着いた。[44] このような信仰がもたらす道徳的帰結や神的本質の流出の往還について何らの疑問も起こらないように、シモンが始めた集会や「汚らわしい秘儀」についてニュートンはやや詳しく述べている。

彼の司祭たちは淫欲の生をむさぼり、悪魔払いを行ない、呪文を唱え魔術を使い、媚薬などの女たちを興奮させるための物を用い、使い魔や預言的夢の作り話を仕立て上げ、ジュピターやミネルヴァの姿をしたシモンやヘレナの像を崇拝し、またその集会ではシモンが始めた汚らわしい秘儀が執り行なわれたが、それは彼らの神々に男たちから流れ出た精液《プロフルウィア》や聖体の代わりに女たちの月の物《メンストルア》を献げることから構成されていた。……そして姦淫した後で彼らはシモンが始めた汚らわしい犠牲を、

これが私の体でこれが私の血ですと言いながら、献げたのである。(45)

哲学的観点からすると、古代のカバラ主義者やプラトン主義者やグノーシス主義者をニュートンが敵視したのは、神的意志の行為として世界を創造した父なる神を熱烈に弁護する一環としてのことなのである。対照的に、放射、流出、生成、放出、人間の生殖行為を暗示するすべてのものに関する諸教義は、神の自由意志の絶対的な独立性を貶めるように思われた。ニュートンが放射や流出に対して嫌悪感を抱いていたことは、彼の初期キリスト教史を認《したた》めた何枚もの紙に繰り返し読み取れるのだが、そうした感情がこの孤独な男の心の奥底における某《なにがし》かの経験から発したものなのかどうかは、疑問の形のままにしておくのが一番よかろう。しかし、これを問題としないのは、蒙昧主義者となるだろう。いろいろな観点から彼の言葉の意味を考えてみることも、この男を過小評価することにはならない。

ニュートンは、カバラ主義者やグノーシス主義者が「父なる神の力、慈愛、イデア、はたらき、そして尊厳」をばらばらにし、それらを「きわめて多くの神的ペルソナ」とみなしてしまったことを激しく弾劾するうちに、初期教会の教義に関する自らの解説文を何度も破棄してしまった。

これらすべてのものはさまざまな段階にある一つのものにすぎず、人間の心の中にのみ在り処を有している。したがって、彼らが人間の愛情や苦悩を神のせいにし、神を複合体とすることは誤りなのである。というのも、神は人間のような御方ではないし、神の御考えもわれわれのそれとは違っているからである。彼は単純であって複雑な方ではない。彼は自分自身にそっくりで同じなのであり、全身感覚であり全身霊であり、全身知覚であり全身知識《エンナエア》〔三九〕であり、全身 *λόγος*〔ロゴス〕であり全身耳であり、全身目であり、全身光である。彼は全身がばらばらにできない感覚であり、彼の中には別の何かから放射できるようなものは何もないのである[46]。

この一文を読んで、動物の感覚器官《センソリウム》と神的な感覚器官《センソリウム》とを区別した『光学』の有名な疑問や、われわれが神の実体をまったく認識できないことを詳述した、一般的注解におけるニュートンの補論を思い出さない者はいないのではなかろうか。「そのことからも彼〔神〕が全身が相似しており、全身が目であり、全身が耳であり、全身が頭脳であり、全身が感覚であり、全身が知性であり、全身が活発な力であることが帰結されるのである。しかし、これは形而下的な方法ではなく、われわれがまったく知り得ない方法によって、ではあるが[47]。」

ニュートンによる原始キリスト教史を見ると、そこには地中海世界では宗教的観念がさまざまに交錯していたのだとする興味深い考え方が表明されている。心理学的な妥当性のある――と言っても、ある程度の歴史的な妥当性さえ、時には持つこともあるが――、そのような巡り合わせや関わり合いがあることを、彼は確証したのだった。彼の解釈は多角的である。彼は政治的動機と人間の浅ましい情念を持ち合わせており、またある宗教からある宗教に改宗した人々の知的傾向も看破している。ニュートンは大胆にも、アレクサンドリアに住むユダヤ人たちの精神生活や、三世紀ローマの心理的な雰囲気や、ギリシャ哲学が及ぼし合った影響や、エジプトの秘儀的宗教や、キリストの時代に遡るユダヤの秘儀的伝承などを再現しようと試みたのだった。***mutatis mutandis***〔然るべき変更を加えれば〕、ニュートンはアイデアが豊富で尊敬に値する歴史家となり、ひょっとすると一九世紀後半のフランスやドイツの実証主義学派の一人になっていたかもしれない。おそらく彼は、不十分な証拠が根拠だったにもかかわらず、影響の連鎖を立証することに少しばかり急ぎすぎたのである。しかし、彼の自由闊達な発想力については言うべきことがたくさんあるにしても、私はわが二〇世紀の科学史に対するモデルとして彼を喜んで推薦したいと思うし、科学史がその分野の殻に閉じこもることを諫めたいとも思うのである。

改宗したばかりで偶像崇拝を守りたかった異教徒が助長したところもあろう、皇帝の世俗権力に援助もされていたであろう、グノーシス主義者やユダヤのカバラ主義者やプラトン主義者たちは〔東西〕教会公会議の中で策略を弄して影響力を行使しつつ、原始教会の使徒信条を逆用し、神とキリストに関する聖書の記事に形而上学的原理や抽象的概念を押し付けたのである。このような考え方は教皇派のドグマとなり、ニュートン自身の教会〔英国国教会〕からも完全には根絶できなかった。

形而上学を嫌悪するニュートンの、毒を含んだ先入見――それは彼の宗教観や科学観において変わらぬ部分の一つだが――は、神は創造者であり統治者《マスター》であるとし、また人間は直接的人格的な関係を主〔神〕との間に持つのであって、象徴的属性と持つのではない、とする論理にそれは具体化され、そして古代から現代へと時代を移し、原始教会の歴史を考えることから『プリンキピア』の一般的注解における論証神学に舞台は変わったのである。その一般的注解では、ニュートンがキリスト教における昔の破戒者を酷評する際に用いたのとまったく同じ言葉が、これまで見てきたように、ライプニッツの形而上学的議論と神の属性に関する議論にニュートンを引きずり出そうとしたライプニッツ自身を非難するために転用されたのだった。古代の異端やその布教者たちに関して批判的歴史を書くことにニュートンが没頭していたのは、その世紀の変わり目の時であったが、その頃から、ライプニッツとの決闘は決して彼の心から離れることがなかった。ライプニッツ学派やデカルト学派は、現代版のカバラ主義者であり、グノーシス主義者であり、プラトン主義者であった。ライプニッツは、その複雑な形而上学的体系構築をもってしても、神の真の本性について何も理解しなかったのである。ニュートンの手稿を見ると、「形而上学的」という言葉は、フランスの *philosophes*〔啓蒙思想家たち〕の用法として後に見られるようになる、特定の軽蔑的な意味をすでに帯びていた。これらの発言の底流には——多くの潜在的要素があるのだが——次のようなことが読み取れよう。「私、リンカンシャ州出身の男子、アイザック・ニュートンは、私なりの主への服従心をもってひたすらに宗教を信仰いたしまして、私はライプニッツの狡賢さの罠などにかかりはいたしません。形而上学は、使徒信条の歴史や〔東西〕教会公会議の歴史が如実に物語っていますように、キリスト教の初めの数百年を混乱させ、そしてライプニッツの論法も同じような精神を育んで我らの時代に不和を生じさせるのではありますまいか」、と。

ニュートンがこのように形而上学を軽蔑するには、宗教的にも科学的にもそれなりの理由があった。すでに故人となっていたデカルトと、まだ存命であったライプニッツ、二人とも体系構築者であるが、彼らとの競合関係に見られるような個人的要素は常に存在していたのである。しかし、たとえその個人的要素を無視しても、形而上学が闘うべき悪であることに変わりはなかった。抽象的体系を構築することは、仮説を体系化することでもあるのだが、考え様によっては、それが唯一の真に啓示された宗教、原始キリスト教を曲解する原因でもあったのである。彼を悩ませていた近代的哲学体系の構築者たちは、古代のプラトン主義者やグノーシス主義者やカバラ主義者たちとまったく変わらぬ行動を取っていた。

崇拝の形式として、神の創造物、神の行為、現象に専心する代わりに、彼らは神の属性または神の本質に関する知識を前提していた。ライプニッツはアタナシオスの *redivivus*〔蘇えり〕であった。超世界的知的存在《インテリゲンティア・スプラムンダナ》、予定調和は、カバラ主義者の *sephirot* やプラトンの *logos* やシモン・マゴスの汚らわしい流出〔射精〕などと同じ部類の仮説だったのである。

ニュートンが形而上学的論争を全面的に回避したわけではないのはなぜなのか、嫌悪も軽蔑もしていた議論を華麗な文体で推し進めるためにサミュエル・クラーク博士を利用したのはなぜなのか、そんな疑問がわいて来る。大英帝国科学界の独裁者であった、晩年の二、三十年間に見られるニュートンの一般的な行動パターンに照らしてみて初めて、ライプニッツ論争における彼の振舞い方は理解可能なものとなる。ニュートンは、自ら参戦したゲームで論敵を打ち負かすことに、歓びを見出していた。修道士の欺瞞を暴くうちに、教皇体制を専門とする公認の史料編纂者であったバロニウス枢機卿を、彼は嬉々として引用することになった(48)。形而上学的探究の名で通用していたものにおいてさえ、彼はライプニッツとライプニッツ学派の面々を凌駕できたのである。クラークとニュートンの協力体制の実態は断定できない。彼ら両名がロンドンに在住していた頃から、何回も意見交換が持たれるようになった。ライプニッツと書簡を交わす中で、議論の細かい点はクラークに任されていたが、ニュートンの討論技巧には――彼が参戦を望むならば――見くびれないものがあったのであり、その頃一般に仮定されていたこと、すなわち彼がきわめて積極的な論争当事者であったことを証する、彼の手で書かれた草稿が残されている(49)。ニュートンは学問的な論争テクニックの熟練者であることを自ら示し、自分自身の土俵で、自分自身の武器を使い、とことん満足するまで、敵を粉砕することができたのである。私はニュートンの列聖を推薦している訳ではない。クラークが「ライプニッツの心を彼への返答でもって粉々にした」と、ニュートンはある時大喜びをしたのだった。[50]

ニュートンの見方からすると、ライプニッツの手紙の中にある侮辱的な発言は言語道断であった。ニュートンが『光学』の一七〇六年版[四〇]に付せられた疑問において「神の感覚器官《センソリウム》」と書いた時、比喩話をこしらえているのだが、それはアナロジーで、世界を神の聖所《テンプルム》のごとく考えるものだった。だが、ライプニッツは明らかに真意を知っていたにもかかわらず、とぼけてニュートンを文字通りに受け取ったふりをしたのである。外面的表象の交換所のような働きをする、われわれの限られた諸感覚器官《センソリア》と、われわれには把握できないのだが、世界に関する神の知識の直接性とをニュートンが区別しようとしていたことに、彼はちゃんと気付いていた。ニュートンは奇跡の中断については狂信性のない教義を信奉していたものの、それももはや必要がないと考えていた。しかし、神は奇跡を蔓延させることとなる、そう信じていると見られ、彼は非難された。神の絶対的な自由意志と、その意志に従って、ありとあらゆる存在者――動物、人間、天使、神の副王たる子、そしてこれからも自らの運動によって全世界を動き回ろうとする、さまざまな霊的存在者――を創造する力をニュートンは賛美していたのに、神の権力に制限を加え、さらに奪おうとしていると、このように批判されたのである。

神はその感覚器官《センソリウム》の中の無限の空間において――あるいはその感覚器官《センソリウム》に「それがあるかのごとく」――事物を深く洞察し、はっきりと理解されているのだ、ニュートンはそんなことを言いたかったのだろうか。彼は後になって、自分自身をかばうつもりで、数冊の一七〇六年版『光学』の三一五頁において、「それがあるかのごとく」*tanquam* を付け加えたのであろうか。[四一] 現在まで残っている一七〇六年版

のうち *tanquam* のある本とそれがない本の部数をそれぞれ数えることに加えて、このように重大な問題を論ずることは、疑いもなく、真に知的な仕事なのである。(51) そこで私なりにゴルディオスの結び目を断ち切ってみよう。*homo religiosus*〔敬虔な人間〕としてのニュートンは、このような些事であっても気になって仕方がなかった。政治的で、人間臭いニュートンは、論争の勝ち負けや、微積分法の考案における優先権問題が気にかかっていたし、また「それがあるかのごとく」という文言を感覚器官《センソリウム》という単語の前に置いていたかどうかに関係なく、彼がその言葉をアナロジーとして使っていたことも明白であったにもかかわらず、ライプニッツが主張したように、ニュートンは神を「une organe〔一つの器官〕」に帰するような、軽率な神人同形論者である、との非難には特に気を揉んだのである。(52)

ライプニッツと彼の取り巻き連中が、宇宙そのものは完全ではなく時に応じて神の介入を必要とする、とニュートンが仮定したものと決め付けて彼を苦しめたのに対して、ニュートンは正《まさ》にこうした介入を神の摂理による意志にもとづく至高の行為として賛美したのだった。物理世界を神の多くの顕現の一つとなるように、下位の霊的代理者、おそらくイエスを介して創造したことからしても、またそれを今あるように創造したことからしても、世界を保護し維持していることからしても、また彗星を今あるように向かわせたことからしても、神は物理世界の歴史に絶えず介入してきたのである。あるいは、世界を燃やし、ある別の惑星に新たに生命体を生むとか、生存者を残し、同じ惑星で生活を回復させるとか、ともかく神にとって物理世界に対して別の選択肢もあっただろう。ユダヤ教徒の間でもキリスト教徒の間でもつまづきの期間がしばらく続いた後に真の宗教が復活するなど、神は人類の歴史にも継続的に介入してきた。創造全体も歴史のすべても介入だったのである。ニュートンにとって、介入は物理的な混沌も意味しないし、歴史的な混沌も意味しなかった。世界には惑星の運動の歴史と定義することのできる運行計画が隠されており、そこには驚異の秩序が見られるのだった。また、帝国と教会の改革の歴史を見れば、それらには類似する単純なパターンが存在したのである――そのパターンは、ダニエル書と黙示録という、小さな二冊の本にまとめることができるほど単純であり、帝国と教会の歴史はこれら二つの書物が描く歴史を実際に繰り返したものなのであった。

ニュートンはライプニッツとの形而上学的論争に激怒したが、おそらく一七二五年の、王立協会の『トランズアクションズ』〔哲学紀要〕に掲載した最後の論文――その七種類の草稿はエルサレムにある――において、その怒りは最も激しくぶつけられたのかもしれない。ニュートンは、『年代記梗概』の存在を漏らしてしまったコンティ師をみんなの前で叱責した後、死んでから一〇年も経つと言うのに、ライプニッツをふたたび持ち出さずにはおられなくなり、そうして、隠された《オカルト》性質や万有引力や神の感覚器官《センソリウム》や空間や時間や真空や原子や世界の完全性や超世界的知的存在などに関する形而上学的議論に自分を巻き込もうとしたライプニッツを責めずにはいられなかった。自分の宗教的信仰を論駁しようとする者や、空虚な哲学を饒舌に論議して自分を罠にかけようとする者に対しては、別れの一撃よろしく、ニュートンは彼らの鼻先で扉を傲慢に閉めてしまったのである。「私はこれらの事が、また永遠の運動が、この王の最後の努力とならんことを望む(53)」、と。

IV　預言と歴史

ニュートンの死後、彼の蔵書はフリート監獄の著名な獄吏ジョン・ハギンズ[二]が手に入れた。購入の時に作成された目録は、われわれにとって、ニュートンの精神活動を刺激した知的影響を知る上で得がたいガイドとなってきた。というのも、彼は読まない本に金を出すような人間ではなかったからだ。この目録はまた、売却分から外された五冊[三]の本に関する記録――「サー・アイザック・ニュートンの書き込みがある本」――を伝えている。間紙を綴じ込んだ『光学』と『プリンキピア』とデカルトの『幾何学』と『暴かれた秘密、または、閉じられた王宮の開かれた入り口』とともに、「式文付聖書　汚れおよび落丁あり　一六六〇年」がそこには見られる[1]。彼の蔵書の中にあった、そのほかの多くの本も追跡調査がなされたが、私の知る限りではこの聖書のことは分かっていない。もしそれが発見されたならば、その欄外の注は、今はわれわれを当惑させているニュートンの宗教論の秘密を、やがては明らかにしてくれるであろう。しかし、彼の日々の信仰に関する内的な証拠が欠けていても、その現象――彼が遺した原稿の束――から見て、この書物〔聖書〕を研究することがニュートンの祈り方だったことは歴然としている。凡庸な神学者よりも彼は聖書に精通していたし、用語索引《コンコーダンス》のように引用を配列することができたのである。

良心的な人間であって、聖書の真理をその内奥に至るまで探究した者は、その信仰心に対して「自信と活力」をもって報いられ、また「それ〔真理〕を体験するのが誰かを判断すべき方法は彼〔神〕ひとりが知り得るという」その考えに対しては変わらぬ満足感、すなわちニュートンがまさにこうした言葉で言い表わした宗教的な幸福感をもって報いられるであろう(2)。

ニュートンにとっては旧約や新約の研究が第一の信仰方法であって、そのほかの宗教的儀式は実質的に無視することになったが、それでも彼の信仰のあり方は伝統的ユダヤ教の聖書崇拝でもないし、ピューリタンのように潔癖主義でもなかった。ニュートンの宗教は、こうした他の聖書至上主義的な宗教と精神的に深く通ずる所もあったが、それらとの違いも見せた。ニュートンは生涯にわたって、英語やラテン語やギリシャ語による聖書のテクスト、また時にはヘブライ語（彼にとって辞書の助けがあれば読める言語だった）聖書のテクストについて、活字化されたものや貴重な写本を見ながら考えをめぐらし、やや厳密に聖書正典《カノン》の中の諸書を二つのタイプに分けるようになった。一つは物語的・歴史的なタイプであり、もう一つは直接的預言、すなわち生ける神の言葉のタイプである。中年になった頃のニュートンは、歴史的事件に関する聖書の記述が、その大部分は、事件当時に生きていた人たちによって書かれたものと信じるようになっていた。しかも、こうした人々は、高い徳の持ち主であり、信頼の置ける人物だと考えられた。彼ら自身が預言者──モーセ、サムエル、ガド、エズラ〔三〕──かもしれないし、またヨシュア〔四〕やキリストの弟子のように預言者の使徒なのかもしれない。彼らは自らの目で見たことを叙述するだけではなく、時にはやはり信頼に足る先人たちによって描かれた直前の時代に関する材料も集めた。神の律法と民の書〔五〕として知られている歴史上最古の記録を手に入れたモーセのそれは唯一のケースであって、まったく異例のことだったのである。聖書の物語部分に過去数世紀にわたって何が起こったのか。この問題に関するニュートンの詳細な説明は、後世の多くの編集や湮滅《いんめつ》と復元も考慮したものとなっているが、彼はそのほとんどを合理的な批判手段を用いて究明したのである。

聖書全巻の中でいくつかの書の権威に関して、いささか異端的な結論に到達する前に、ニュートンは聖書に関する新しい本文批判の影響を明らかに受けていた。彼がリシャール・シモンを読んでいたのは確かだし、ホッブズを知っていたとしてもおかしくはない。また、スピノザの『神学・政治論』を、それが出た直後、一六七〇年代初頭のイングランドではまだ珍しい本だったが、すでに精読していた可能性さえ大いにあるのだ。われわれはその一冊がアイザック・バローの書庫にあったことを知っているが、その整理をニュートンはバローの死後一六七七年に手伝っており——その目録はボドリアンにある(3)(六)——、また書庫をいつでも自由に利用することができたのである。

モーセ五書に出てくる言葉はモーセ自身によってすべて書かれたものという伝承から決別してからも、ニュートンは旧約が語る歴史の価値を貶めるには至らなかった。逆に、異教の民族が書き遺さなければならなかった、いかなる古代史よりも、モーセの書の方がはるかに優れていると彼は考えていた。というのも、基本となるテクストが、ユダヤ人たちがシナゴーグにおいて毎週定期的に朗読することによって、比較的無傷の状態で保存されてきたからだ。こうした神聖《カノニカル》な歴史でさえ時代の破壊行為を免れなかったわけではないが、ギリシャ人やペルシャ人やカルデア〔バビロニア〕人やフェニキア人の歴史編纂よりもはるかに、旧約の歴史は信頼に足るものであり、そして、資料が互いに矛盾する場合には、ユダヤ民族による歴史が常に優先されたのである。

旧約の歴史物語に対するニュートンの取り組み方は、ヨセフ・キムキ〔七〕やアブラハム・イブン・エズラ〔八〕――彼らは一七世紀イングランドの主だったキリスト教徒ヘブライ学者たちが大いに尊敬する中世の註釈学者であった――のやり方に似ているが、彼らの著作をニュートンは十分な注意を払って研究していた。アブラハム・イブン・エズラは、自然な語順や文法の通常の規則によって口授された、常識的な読みを採る傾向にあった。ニュートンは、地理学――彼はヴァレニウス〔九〕の編集をしたことがある――や異教徒の歴史書と年代記から学んだためか、事件の背景については自由な歴史的解釈を行なったものの、先例にならって一般に分かりやすい意味を受け入れた。しかし時にはもっと深く研究をしている。聖書の物語からその深淵な意味を読み取るために、彼は法廷や人文分野の学問において発達した証拠による推論の手法を利用した。機会があれば彼はいくつかの翻訳に目を通し、また親しい学者たちの助けを借りてアラム語やアラビア語による重要語に別の意味がないか探し求めた。聖書の保存状態がきわめて良好であっても、長い間に紛れ込んだ矛盾する個所や疑わしい個所を取り除くために、彼は学術的な本文批判用資料《アパラトゥス》を駆使しながらテクストを長々と論じた。聖書の物語は明らかに一つのアマルガム〔融合体〕であり、失われた歴史書からの抜粋を寄せ集めたものであったから、本文の小さな乱れも説明がつくのであり、人類にとって最も有用な古代史たる聖書の信頼性を丸ごと疑ってかかる必要はなかったのである。

ニュートンは、その大部分をすぐれたキリスト教徒ヘブライ学者たち――セルデンやディオニュシウス〔一〇〕、またヘリット・ヤンス・ヴォス〔一一〕やライトフットやポーコックやブックストルフからの頻繁な引用が見られる――に依拠する一方で、いかなる註釈にも常に自分なりの工夫を加えた。物語的な聖書の歴史は、例えば、彼が世界の年代を見直す時に天文学的証明を支える文献となったが、この見直しによってギリシャ人の伝承上の古さは五〇〇年ほど下ってしまい、イスラエル文明の異論のない古さが確証され、ユダヤ人をさらに神の時代へと近づけたのである。聖書の物語的文書に関するニュートンの本文批判研究は、事実を淡々と述べ証言を厳密に調べる作業であって、たいていの人が歴史的証言として納得していることを疑うほど彼はピュロン（一二）〔懐疑〕的でもなかったし、すべての文言を検証もせずに信用するほど真に受けてもいなかった。ニュートンは決して、スピノザのように、旧約聖書がある特定の時点に特定の人々のために構想され、主として彼らの需要——権威への従順を彼らに教えること——に応えるために作文された、政治的かつ道徳的な行為に関する書であると露骨に断言することはなかった。それにもかかわらず実際には、旧約聖書の物語部分を、善も悪も行なえる人間が自ら演じた通りに——摂理の不断の導きがあり、神による頻繁な介入があったにせよ——記録された人類の歴史として、ニュートンは読んでいたのである。

　しかし、ニュートンにとって聖書には性格を異にする書——特にダニエル書とヨハネ黙示録——が含まれており、それらは物語的文書とまったく違ったものであった。これらの預言書（一三）はユニークで、聖書の他の文書とは隔絶していたのであるが、それは、レオポルト・フォン・ランケ風に言うならば、現実の出来事として歴史を書いている時のダニエルとヨハネは、モーセやサムエルやエズラと同じように、普通人の言葉を口にしなかったからである。預言文書の言葉は象徴的で解読困難《ヒエログリフ》であって、これらを理解するにはまったく別の解釈方法が必要だった。預言は隠された真理の、神による直接的な啓示であって、ニュートンは成人した時から死ぬ期《とき》まで、これら預言書にこめられた真意と格闘したのだった。

ニュートンが抱いていた預言者のイメージは、どのようなものだったのだろうか。狂信者、大言壮語の輩、舌先三寸の人間たちはすべて、このイメージからすっぱりと除外された。イングランドは第五王国結社員[一四]の出現を経験したが、そうした経験から王政復古期における預言書の解釈学者たちは突然の天啓というものに疑念を抱いた。精霊に憑《つ》かれた無謀で無知の職工たち[一五]は偽の預言者であり、悪魔にそそのかされた嫌われ者であった。内乱〔ピューリタン革命〕が引き起こした乱痴気騒ぎは常軌を逸するものであって、ヘンリー・モアやキリスト教徒ヘブライ学者ケンブリッジのジョン・スペンサーは嫌悪感に襲われて結社員たちに対する怒りの反論を書いたが[4]、彼らに劣らずニュートンもこうしたことを憎悪したのだった。

　真の預言者とは誰のことなのか。他の尊敬すべき国教会信徒《アングリカン》と同様に、ニュートンにとっても、それは明白なことだった。反神秘的な作品として高く評価されたマイモニデスの著作によって、それは定義されていたのである。彼のミシュナ[一六]に関する註釈の一部は、オクスフォードのエドワード・ポーコックが『ポルタ・モーシス』[一七]（一六五五年）という本の中で（ヘブライ文字で印刷されたアラビア語テクストとともに）ラテン語に翻訳しているし、またその膨大な著作の大半についても、マイモニデスのラテン語による著作を五百ページにわたって格調高く分析した概論――これには「ヘブライ人の律法についての解説」とでも訳すべきタイトルが付けられた[5]――にまとめられ、ジョン・スペンサーによって学界に伝えられた。マイモニデスという国教徒化《アングリカン》された「預言者」はきわめて博学であり、非の打ち所もなく道徳的に廉潔の人であり、何年間も研究に身を献げ、適切に経験を積めば神の言葉にとって完璧な伝達手段となる人間であった。マイモニデスやモアやスペンサーやニュートンにとって、真の預言者は最高の合理的人間であり、預言者的精霊のはたらきを介して伝わる、聖なる理性からのメッセージを受け取るにふさわしい人間なのである。気が変になってエルサレムの街を全裸で走り廻ったという神秘主義者——その霊を後から呼び出したのはヴォルテールであった——ほど、古代の預言者について彼らが抱くイメージとかけ離れたものはなかったであろう。預言者というものは、幻想の世界を意のままに飛翔したからではなく、苦労の末に合理的完成の域に達したが故に、神によって愛され選ばれた宗教的教師なのであった。

おぼろげで曖昧だったのは預言の言葉の方であった。預言者の思想《マインド》は明晰さを極めており、聖霊の表現も厳格で簡潔であった。神は、自然という別の書物に、自らの営為を記録されていた。そしてこの自然の法則は隠されたのであるが、同様に、預言の意味も秘匿されていたのである。そこで、預言の書のなぞを解くことと自然という書物の秘密を理解することとの類似性を、ニュートンはしばしば指摘したのだった。彼にとって、預言の完璧な内容が一七世紀まで隠されていたのは、「当然のことに過ぎない」のである。(6) ニュートンは自ら註釈を書いて預言の成就を明らかにしたのだが、そうせざるを得ぬ事態こそ時代の終焉の遠からざることを示す侮りがたい徴候であると、遠回しではあるにせよ、彼はそのような判断を下したのかもしれない。

ニュートンのような人間が、好みの預言者として、ダニエルやヨハネに傾倒したのも理解できる——彼らの謎めいたシンボルやイメージは一つの挑戦であり、不可解なエピソードやヴィジョンは説明を要した。秘密の書〔自然と預言〕が封印されたままの状態で、人々は聖書の中のいったい何を暴いたのであろうか。二人の選ばれた預言者にこれらの言葉が神から伝えられたことは、それらの意味を最終的に解読する意志がなければ、まったく道理に合わない歴史的行為となるであろう。「もしそれらが決して理解されないことになれば、神はいかなる目的でそれらを啓示したのであろうか」[7]と、ニュートンはケンブリッジ時代の初期に属する手稿の中で問うてみたのだった。

預言やそれ以外の聖なる約束が歴史的世界において実際に成就したことを立証するのは、ユダヤ教においてもキリスト教においても、古代から続く護教論の一つとして行なわれたことである。しかし、一七世紀から一八世紀初頭にかけて現われた、ヨーロッパの偉大な知性たちがダニエル書や黙示録の解釈に魅了され続けたことを正しく理解するのは、一部の人間にとって、依然としてむつかしいことである。今にして思えば、彼らが虜《とりこ》になったのは釈義の伝統――何百冊もの書物を産み出しもしたが、連綿と続いてきた生き方をキリスト教の最初の数世紀の時代に後戻りさせもした――にとって白鳥の歌だったのだ。この種の文献の数は量的に増えたけれども、*philosophes*〔啓蒙思想家たち〕の勝利とともに、奇人変人の慰めとなるか、にわか天才詩人またはにわか天才芸術家の慰めとなった。一七世紀においてもなお、それらは学究肌の教会人による宗教論の核にあった。再三再四ニュートンは、「お前たち偽善者よ、お前たちは空模様を見わけられても、時代のしるしは見わけられないのか」[8]〔一八〕というイエスの言葉を引いて、預言の研究を軽んずる危険性を警告した。預言の導きもないのに、人々はいかにしてアンチキリストを識別しようというのか。預言解釈は怠惰な瞑想でもなく、瑣末な問題でもなく、きわめて重大な義務だったのである。「それ故に、汝がかくも堕落した時代に危うく誘惑されそうになりながら、そのことに気付かないでいることがないように、周囲にしっかりと気を配ることは汝にとって重要なことなのだ。アンチキリストはキリスト教世界全体を誘惑することができたはずであり、したがって、もし汝がアンチキリストを見わける備えをしていなければ、アンチキリストは汝をたやすく誘惑してしまうかもしれない。(9)」

われわれの時代にあって誰か一人でも、膨大な数にのぼるダニエル書のユダヤ教的釈義やダニエル書と黙示録のキリスト教的釈義を、その全体の端から端まで実際にマスターしたことがあるだろうか。私には心残りなく後世の人々に託しておきたい大仕事がいくつかあるのだが、時代とともに変化する解釈の技法や手段や流行を例証しながら、この種の知識を歴史学的に叙述するという計画もその一つなのである。しかし、ニュートンが預言解釈に携わっていた当時のその状況についてならば、今すぐにでも何か述べることはできる。ニュートン・グループに属する科学者や科学の擁護者の多くが、明らかにエドモンド・ハリーを除いて、預言の釈義に手を出しており、ニュートンが大人となってからも、イングランドで書かれた、この手の作品は膨大な数に上った。理性の時代は幕を開けたけれども、オクスフォード大学図書館だけが所蔵する黙示録の釈義の一七世紀写本は、教化する方法にも一つならずあったことを如実に物語っている。王立協会ではこのテーマについて意見を交換することはできなかったが、これらの書物に関してニュートンが一六八〇年にヘンリー・モア（彼は黙示録とダニエル書に関する自分自身の著作を、その出版前にニュートンに見せている）と交わした議論を伝える詳細な報告書が残っており、また一六九〇年代のファティオ・ド・デュイリエやジョン・ロックやリチャード・ベントリーとの談話の記録、一七〇七年のウィリアム・ホィストンとの談話の記録、サミュエル・クラークやブルック・テイラーや多くの学識豊かな主教たちとの談話の記録も残されている。同時代人の覚え書や書簡は、異口同音に、ニュートンが友人たちの批判にもかかわらず、自分の解釈に犬のようなしつこさで固執したことを描き出している。ヘンリー・モアは初め彼が若い同僚を論破したのだと考えたが、ニュートンの顔つきは、モアが釈義の数学的証拠と呼んだところのものによって、「うっとりとした」ように彼には見えた。しかしその時、ニュートンは昔のアイデアに気を取られていたのである。ベントリーは、預言の中の一日は暦年を意味するという自明の真理を証明してほしいと頼んだために、ニュートンのご機嫌を損ねてしまい、またそのせいで一時期彼らの関係にはひびが入った。ホィストンの場合もまた、ニュートンがダニエルの四王国に関して地理学的・年代学的観点から語った四時間もの長講は受け容れがたいものであった。なぜなら、彼は言うまでもなく数学では劣っていたけれども、聖書解釈では自分の方が勝《まさ》っていると考えていたからである。預言に関するニュートンの読み方には聖書の中に常に完璧な根拠があったのとは対照的に、ファティオの方は、付き合うようになった頃からすでに神秘的な空想にふけりやすく、ニュートンは彼を優しくたしなめていた。

　イギリスの釈義研究者の世界では、コペルニクス革命にも似た何事かが、一六二八年から一六三八年の一〇年の間に、早くも起こっていた——ケンブリッジのクライスト・カレッジにいたジョーゼフ・ミード[一九]による斬新な解釈システムの案出がそれである。王政復古期の尊敬すべき釈義家のほとんど全員が、彼の基本的で革新的な方法に拠っていた。イングランドの釈義家の中で最も非凡なこの男は、彼のライバルであったヘンリー・ハモンド[二〇]や偉大なるフーゴー・グロティウスを完全に敗ったように見えた。ニュートンはいつも生存中の先輩よりも冥界の先人たちに対して寛大であり、ミードの後を継ぐ有能な解釈者を自負していた彼はいつになく強い調子でミードへの弔意を表したのである[10]。ベィリオルの学寮長《マスター》が示されているように、ミードの著作の影響は顕著であり、一七世紀を通じてあるゆる社会レベルに及んでいた。[11] 無学の第五王国結社員にそれは見られるのだが、ミードの学説は、ヘンリー・モアやウィリアム・ホィストンの学術的研究に影響したのはもちろんのこと、結社員の無学の頭の中にもじわじわと浸透していったのである。

ニュートンがケンブリッジに移って数年後の一六六四年に、ミードの増補版著作集が再版されるのだが、その序文としてワージントン〔一一〕が書いた預言解釈の重要性に関する論文や真の方法に関する彼の分析をニュートンが読んだのかどうか、私にはわからない。[12] しかし、幼児用の乳以上のものを望むキリスト教徒にとって預言解釈が果たす中心的役割に関しては、ニュートンの手稿は同じ感想を鸚鵡返しに述べるばかりである。預言を解釈することは、預言そのものに比すべき神の恩恵であり恩寵であった。恣意的に熱狂的に祈願することは、聖句に導かれたとしても、慎重に回避すべきだった。数世紀もの間、預言解釈は実質的に固定化されることなく、自由気儘な連想と化してしまった。しかし今やミードは預言のさまざまな個所に施された釈義の調和を要求したのである。科学的精神がミードの中で頭をもたげ始め、それはモアによる数学的言語の利用によって強化され、ニュートンの解釈システムにおいて頂点に達した。ジョン・ネィピア〔一二〕は数学と預言に二股をかけた例としては早い方なのだが、内乱〔ピューリタン革命〕の時期にその著作集が復刊されたにもかかわらず、どういう訳かニュートンが彼に言及することは決してなかった。〔一三〕

ミードは象徴とか古代インドやアラビアの夢占いの本に関する論文を学問的に引用しているが、彼に対する評価は、そうした彼のすばらしい博識ぶりに加えて、預言的テクストを扱うために新しい技巧を全面的に導入したことがその根拠となっている。比喩表現によって予言された、黙示録の中の歴史的事件は、ヴィジョンそのものを語った各章の順番通りに起こったわけではない。時代の流れ（オリジナルの本の間に混乱がある）を正しく決定するために、年代別配列《シンクロニスム》の方法を考え出さなければならなかった。ミードは、「同時的《シンクロナル》」で「同質的《ホモジニアル》」であったヴィジョンが、黙示録のテクストのあちこちに分散していることを発見した。解釈に先立って、それらのヴィジョンを確定し再分類する中で、彼はある方法を思い付いたのであるが、その重要性はアリストテレスの三段論法的な推論に匹敵するものと考えるミードの崇拝者たちによって、その方法は賞賛されたのだった。（その外見からすれば、ミードは現代の構造主義者と見まがうばかりだ。）

ニュートンはミード的方法論の後継者であり、そして一六七〇年代早々にこうした路線に沿って研究を始めた。六〇年代にも、スライダヌスの『四王国について』[二四]――ダニエル書の中でネブカドネツァルが見た夢[二五]をもとにした世界史である――を、彼が購入した記録がある。預言解釈はニュートンの非数学的文書の中心である。彼の神学的著作や年代学的著作全体に目を通してみると、確かに、その多くがダニエル書と黙示録に初めて没頭した時期に遡り、それらは一つの中心的な幹、すなわち究極の秘密を内包し、一連のヴィジョンに集約された世界の歴史を語る書物〔ダニエル書と黙示録〕から生じた副産物であったように見える。ニュートンの死後彼の手稿を整理していて、ジョン・コンデュイットがすでに気が付いていることであるが、(13)ニュートンの語るダニエル時代から後の帝国や教会の歴史と接合し関係づけてみると、黎明期後の世界史をカバーする『修正された古代王国の年代記』は、一つの完全な人類の普遍史――それは天地創造以降を描いた、聖的な歴史であり世俗的な歴史でもある――を形作るのである。古代年代学の修正を認《したた》めた数葉の稿本《フォリオ》が預言解釈に関する草稿と交ざり合っているのは、単なる偶然ではない。例えば、ソロモンの神殿に関する一葉は、現在では出版された『年代記』の中の一章となっているが、元々は黙示録における神殿のヴィジョンを説明するために構想されたものである。預言を解き明かすには、その基本設計から調度品の配置に至るまで、神殿の構造は精密に再現されなければならなかった。というのも、すべての細部が象徴的予型《プレフィギュレーション》だったからである。ニュートンにおいて私が見出すことのできた数列の観念に素直に取り組むと、神の聖域の大きさも問題となってくる。神域の長さは、ニュートンの慎重な計算によると、士師時代の幕屋から列王時代の神殿に至るまでに二倍になった。同様に、王の中の王〔キリスト〕時代の新エルサレム[二六]の面積も、ロイヤル・エルサレム[二七]の面積の倍あったはずである。不可避な力が働くに連れて、聖所の中の聖所〔エルサレム〕の至高性は、もっぱら量〔面積〕的に表現されていくことになった[14]。

ニュートンの年代学研究と預言研究を重ね合わせるにも更なる理由がある。年代学を徹底的に見直すことは、預言の成就を立証するための絶対的尺度を確立する上で必要だったのである。もし伝統的な年代学が不正確であれば、一体どのように預言と取り組めばよいのだろうか。もしキリストの誕生や十字架刑について信じられている説が年単位どころか月単位で間違っていたならば、これらの年代を評価の基準点として未来の出来事を算定してみても、その正しさをどのように判断すればよいのだろうか。

ケンブリッジ時代に、ニュートンは「黙示録を解釈するための規則」および「預言の言葉」と題した数枚の手稿[二八]を準備し、項目には番号をふっていた。いくつかの個所では、「命題」や「系」といった正規の科学的な表題を付けている。しかし、こうした方法論的枠組みは公開講義で扱うテーマであるよりも、おそらく後世の預言の釈義家を徹底的に訓練するために使うべき題材であろうが、ニュートンの研究における一般的精神や彼の推論の仕方にたどり着くには、その詳細の多くは無視してもよい。

預言解釈は一連の作業を要求するのだが、しかも科学実験が危険な作業を伴うように、解釈においても手抜きで気軽にやれるような作業は一つもなかった。私が述べる順番はニュートンの実際の手順を描いてはいない――彼は基本設計を年代順に練っていて、それはいつの日か再構成されるだろうが、実行するのは私ではない――が、たとえ彼が同時かまたは異なった順序でこれらの作業のいくつかに携わっていたとしても、そのプロセス全体の中の要素は分離することができるのである。

最初の一歩はダニエル書と黙示録の信頼の置けるテクスト――前者についてはマソラ学者のヘブライ語本文〔二九〕、後者についてはギリシャ語本文――の確立から始まる。エルサレムの文書館にはびっしりと書き込まれたニュートンのノートが所蔵されているが、そこには黙示録の異読が、各節ごとに、考えられ〔三〇〕る限りすべての写本や自ら入手できた活字本から集めてある(15)。ニュートンが聖書学者ジョン・ミルと交わした書簡から見ても、この読みの収集がすでに完全なもので、一六九四年には最終的な形にあったことは明らかである(16)。もちろんニュートンは、すでに一六七〇年代から一六八〇年代にかけて、預言に関する一般的註解の原稿を書きためていた。

また別の段階になると、ニュートンは預言文学におけるイメージやシンボルに対応した歴史上や政治上の事項、あるいは教会に関する事項から成る事典を思い付いた。彼は預言が誤りも例外もなく、あらゆる部分において調和していると確信していた。いったん「預言の謎めいた言葉《ヒエログリフ》」(これはニュートンの言い方)の妥当で適切な訳が決まると、それが預言の書物にいつ出てきても、同じ意味が当てはまらなければならなかった。真理の試金石は、不変性と無矛盾性だったのである。

この種の謎の言葉を読むことやその逆のこと――観念や人物、あるいは行動を表わすために新しいヒエログリフを考え出すなど――が、とてもはやっていたのだった。このようなお遊びは、古代ギリシャ以来続けられてきたが、バロック世界においてその絶頂に達した。ヨーロッパの一般文化には、ジョーゼフ・ミードやアイザック・ニュートンが預言解釈でやっていたことと類似するものがたくさんあったのである。寓意的象徴や図像解釈学に関する本は、抽象的な美徳や悪徳、哲学的な観念や性格やユーモア、大陸や職業や身分などを表わす芸術的表現の標準的な決まり事を説明した手引書であった。ニュートンもかなり親しんでいた、ナターリス・コメス〔三一〕やチェーザレ・リーパ〔三二〕の概論、また特にヴィンチェンツォ・カルターリ〔三三〕の概論は、この手の本としてはきわめてポピュラーなものであった。実際にもニュートン自身、造幣局の長官だった時に、歴史的事件を記念する貨幣の多くのデザインを自らの手で描いたことがあった。

異教徒たちの神話をエウヘメリズム的に解釈すること――歴史家・神話編纂者たちが日常的政治の歴史の核心を、古典期の大歴史家たちが著述を始める以前の暗黒時代と関連させつつ、すべての古典的神話の中に見出そうとする傾向――は、一七世紀や一八世紀においても共通して見られた。ニュートンは、世界の年代について書いた論文の中で、このエウヘメリズム的方法を繰り返し用い、いかなる記録も残されていない人類の黎明期に関して合理的で筋の通った説明を神話から引き出そうとした。預言解釈を行なうに当たって、彼は黙示録のヴィジョンをまるで神話的言葉であるかのように扱っており、そしてヴィジョンに現われる象徴を為政者や政治的事件に当てはめる場合には、基本的にエウヘメリズム的神話解釈者や図像解釈者が用いたのと同じ方法を採用したのである。しかし、神話編纂者としてのニュートンが亜流であったとしても、聖書における預言の完備な語彙集——預言的象徴に関する辞典と言ってもよい——といった労作は、彼自身の業績となったであろう。預言の言葉に関する彼の手稿の一枚は、黙示録に出てくる事物を簡潔に描写し、それらを遠大で整然としたイメージにまとめようと苦心するのだが、それは天上から地上を経て、ニュートンが無味乾燥に注記しているように、「王冠をいただいているか、または馬の背に乗っているか、あるいは刀や弓を持っているか、あるいはおもりとはかりを持っているか、または白の服や別の装いに身を包むか裸でいるか、あるいはワインの入ったコップを持っているか、そのワインを飲んでいるか、あるいは生傷や古傷があるか、または痛みを感じているか、あるいは産みの苦しみを味わっているか、男児を産んでいるかしている」「さまざまな格好をした」男と女のイメージ、「人間や動物の死の」イメージ、「そして彼ら〔人間や動物〕や彼らを象《かたど》った偶像を崇拝する」イメージに終わるのである。[17] これらの物や人の一つひとつ、一人ひとりにも、それらに付与された象徴物にも、またはそれらがかかわっている活動といったものにも、政治的な世界において具体的に対応するものがあったのである。ケルビムは軍隊を意味し、封印は神の徴《しるし》を信者たちに付ける異教的慣習を意味し、鷲はローマの軍団であり、竜はローマの民衆であるが、もちろんバビロンの淫売は教皇の権威であった。

ニュートンにとって、この預言の言葉——預言の中のヴィジョンに見える事物は、政治的存在者や宗教的存在者の象徴となっている——は、もっぱらダニエルやヨハネが創作した言葉のように、暗号化された特殊な言葉ではなかった。このような絵文字《ヒエログリフ》的な表記法は、東洋の多くの民族や古代人一般に共通する象徴の体系に似ていた。ニュートンはある考え方《アイデア》と格闘していたのだが、ジャンバッティスタ・ヴィーコが間もなく自らの歴史哲学の主要テーマの一つとしてそれを発展させることになる。すなわち、大昔の人々は自らを普通の散文ではなく、象徴や詩的な言葉で表現した、というのである。ヴィーコはリヴォルノのラビを介して一七二五年に出た『新しい学』の初版を一部ニュートンに送った。しかし、もしそれが届いていたとしても、おそらくニュートンには遅すぎて参考にはならなかっただろう。

預言を解釈するニュートンの科学的方法が難解で複雑だと思われないように、エルサレム手稿〔ヤフダ文書〕の中ですこぶる異彩を放っている黙示録の生き物――蛙を使ってこれを説明させてもらうことにしよう。ヨハネは、竜の口からも獣の口からも偽預言者の口からも、蛙に似た三つの汚れた霊が出てくるのを見た。(18) ヨハネが黙示録の中で「蛙」と書いたのがいつのことだろうと、それによって教皇派〔カトリック教徒〕や偶像崇拝の風習を表わそうとした、とニュートンは結論づけた。ニュートンの体系によれば、蛙という言葉は悪魔とその犠牲者――悪魔たちは嘘を広め、見せかけの奇跡を起こし、それらによってキリスト教徒の社会は悪魔にそそのかされ、偶像崇拝に引き込まれた――の両方に使われている。しかし、ニュートンはこの結論をどのように引き出したのであろうか。どのような証拠があったのだろうか。彼は幅広い資料からその証拠を集めたのである。参考にしたどの典拠でも、蛙は悪魔のことであり悪魔は偶像崇拝者のことだとされている、と偽ることなど彼には微塵もなかった。むしろニュートンが示したのは、蛙の特徴と悪魔や偽教師や無分別なおしゃべりたちの特徴、すなわち偶像崇拝者が体現しているものすべてとの間には類似性があることは一般に合意されている、という事実であった。彼の一般化を立証するために、夢に出てきた蛙が詐欺師やあざける者を象徴しているとする、夢占いに関するアルテミドロスの有名な本を初めとして、ニュートンはいろいろと引用《セリアティム》している。すなわち、不浄の饒舌な動物は偽預言者を表わしている、という一六世紀の註釈学者ベネディクトゥス・アリアス・モンタヌス〔三四〕の所説。彼のライバル的解釈学者であったフーゴー・グロティウスも同じ主張。オリゲネスの『出エジプト記講話』に見られる、「蛙がうるさく鳴き声を上げるがごとく、中味のない虚飾に彩られた御託を並べて作り話を世間に披露している」、といった詩人たちに対する蔑視。「両頬がふくれて、まるで空気を詰め込んだような彼らはやかましくて愚かなおしゃべりであり、蛙の一種とみなされている」というアリストテレスの言。蛙は騒がしく鳴き無神経である、としたヨアンネス・ツェツェス〔三五〕によるアリストパネスの劇『蛙』への註釈。リュキア人たち〔三六〕はラトナを罵るために蛙に姿を変えた、というオウィディウスの寓話[19]、など。これを聞いているだけで思わず「*Quelle galère!*〔ゲロゲロとうるさい〕」と叫びたくなるだろう。裏付けの証拠がもっと少ない仮説など、理解できる人間がいるのだろうか。汚れた詐欺師や頭が空っぽのおしゃべりたちに見られる最悪の資質を、昔も今も、過つことのない権威者たちが一致して蛙のせいにしている以上、ヨハネは偶像崇拝者以外に誰を蛙で表わせただろうか、また教皇派でなければ現代において誰も偶像崇拝の担い手になれないのではあるまいか。いくつかの顕著な点で類似性を示すことは、同一視を確固たるものとすることなのだ――思っている以上に、われわれがとらわれている考え方だが。

　預言の中で身体と関係するすべての言葉のイメージが政治的に何を意味しているのか、それらの対応関係を発見していったん確定してしまうと、ニュートンはさらに、預言の中で同時に見えたヴィジョンがダニエルの時代――ニュートンは紀元前二世紀とする――以降に現れる帝国や宗教制度の歴史において実際に起こった事件を正しく伝える物語であると考え、それらの解読を続けていった。蛮族の侵入や教皇支配の確立や修道院制度の誕生など、政治的危機や宗教的危機あるいは世界史における転換点を論じる年代学を完成するには、教父の著作や異端と迫害の歴史から補足もしたが、彼にとっての頼みの綱は通常のギリシャ史やローマ史、またカルロ・シゴーニオ〔三七〕の『西方統治に関する歴史　二十巻』やカエサル・バロニウス〔三八〕の『教会年代記』やアリアス・モンタヌスの著作などであった。また、ニュートン当時の歴史まで研究が及ぶと、彼は先入見なしに多岐にわたる資料を活用した。フィレンツェの歴史に関しては、絶賛して、「マキャベリこそ見事な書き手だ」と述べたほどである。[20] こうした古典の助けさえあれば、預言書におけるすべての預言が実際に起こったこと、預言と記録された歴史とが完全に一致し対応していること、これらのことをニュートンは一つひとつ立証することができたのである。

　ニュートンは科学的規準と呼べるもの、特に倹約律を預言の書の解釈に適用したのだった。特筆すべきすべての政治的出来事や宗教的出来事が預言の中のあるヴィジョンと厳密に一致していることを明らかにしただけでなく、一致するヴィジョンと出来事を組み合せることによって、どの預言的な詩句にも現われる事物や心象のそれぞれにふさわしい意味が究め尽くせることも彼は示したのである。どんな言葉だろうと説明できないものはなかった。余計な心象などもなかった。論じ切れずに残ったものは一つもなかったのである。その体系は閉じており、完全であり、欠缺もなかった。ニュートンは自分の「預言の体系化」を、最大限に可能な単純さと調和のある、理想的な科学的構造とみなしていた。預言の言葉を解釈するための彼の規則は、自然の書を解釈するために要求された規則をまねたものだった。明らかに自己満足ではあったが、彼の見るところ、自らの成果によって自然哲学においても預言においても同じ導きの原理が完璧に具体化されたのである。「歪曲することなく、物事を最大限に単純化している、

「これらの解釈を選ぶべし。[21]」

ニュートンは、『プリンキピア』における自分の方法や結果と同様に、黙示録の解釈におけるそれらについても自信があったし、自分に盾を突く向こう見ずな人間には、それとなく脅しをかけることにした。おそらく、そうした連中の動機は預言を理解することではなく、「それを捨て去る」ことだったのであり、人々の心を惑わせ、人々を指導しないことだったのである。[22] ニュートンは挑戦状を叩きつける。

この故に、別の方法があるようなふりをして、黙示録に関する私の解釈が疑わしいと主張する者があるならば、それが誰であれ、私のやったことに訂正すべき点があることを示さない限り考慮に値すべきものは何もない。もしその者が主張する方法に納得がいかないか、あるいは大した根拠もなければ、まさにその事が彼らが誤っていること、そしてその者が真理でなくある派閥の利益を追求していることの十分な証明となっているのだ。また、もし私が採用している方法が預言の本性や天性に従うものならば、それを確証するのに証明など別に必要としない。というのも、すぐれた職工によって作られた機械装置《エンジン》で言えば、間違った場所にある部品が壊れているのに、うまくつなげてあるように見えてしまうと、人間というものは、それらが正しく組み立てられているものと信じ込んでしまうからである。また、ある者にとって著者の意図がどんなに難解であろうとも、もっと荒っぽい解釈を言葉に押し付ける可能性があるにもかかわらず、文法の規則に従って言葉が分析され整理されているとわかればそれを黙認してしまうように、同じ理由から、預言の各部分がふさわしい個所に位置づけられ、またそれらの文字が目的に合わせて預言の中に刻まれていることがわかった時には、人はこれらの預言のそうした解釈に黙って従うべきなのである。職工にとって機械装置をそれ相応に調整できる方法が一つ以上あることも、また文章があいまいになりうることがあるのも事実である。しかし、こうした難点は黙示録の中には起こり得ない。なぜなら、あいまいさを残すことなく黙示録に表現を与える方法をごぞんじだった神は、それを信仰の規則とするつもりでおられたからである。(23)

ニュートンの死後に出版された『ダニエルの預言と聖ヨハネの黙示録に関する考察』は、未来を予言することを思い止《とど》まっている。後年のニュートンは、急進的な千年王国信者たちが正確な時代を確定しようと試みた時にはまった陥穽《かんせい》を、注意深く回避したわけである。この本には予知にふける人々を攻撃した一節さえあるのだが、それは、預言の書が将来の出来事の歴史であるのに対して、それを死ぬ運命にある者たち〔人間〕が理解できるのは預言された事件が実際に起こった後になるからである。ところが、ケンブリッジ時代の密かな試みとして、キリスト再臨の時がいつ頃なのか、若きニュートンは推論を重ねていた。その中で、教皇らアンチキリストによる支配が終わる時期も問題になったのだが、その時期は彼らの支配がいつ始まったかを算定した結果にかかっていた。この方法によれば、ダニエルでは「一時期、数時期、そして半時期」〔三九〕とされる、重大な一二六〇年〔四〇〕という年数も数え始められるであろう。このメモの中ではニュートンは具体的であった。アンチキリストによる支配は「蛮族が侵入しローマ帝国の中にいくつかの王国が樹立された頃」に始まり、「そしてわれわれにとってこれ以外に証拠がなければ、カトリックがはびこっても長続きなどしないという予想にも十分な根拠があるだろう。一二六〇年のうち一二〇〇年がすでに過ぎ去ったことは確かなのだ。[24]」

ほかにもケンブリッジ時代に書かれた手稿が遺されているが、千年王国と天上の王国が最終的に実現すれば二つの王国はそっくりになるだろうと、その頃のニュートンは気儘な考えに躊躇もなくふけっていた。彼の終末論は、エルサレム手稿――仮に一六八〇年代のものとしておく――に含まれている「世界の終わり、審判の日、そして来るべき世」と題された一つの長い項目の中で、膨大な数にのぼる細密画的な議論から始まっている。これは清書された写しであるが、これには似たような内容の草稿も存在しており、そちらの方はおそらく初期のものらしく、いつもの不完全な状態にある。この長大なテクスト――ただし、名前を挙げてはいないが、暗にヘンリー・モアを批判して物議をかもしそうな、その多くの主張を私は扱うつもりはない――が証明しているのは、『プリンキピア』を書き上げる一〇年の間ニュートンが抱き続けていた世界観によれば、実証主義的自然科学者や一九世紀のユニテリアンたちが考えるよりも、存在者に対してはるかに多様なあり方が認められる余地が間違いなくあったことである。死ぬ運命にある者たち〔人間〕とか、その他の霊的で不可視な者たちとか、復活にあずかった子供たちとか、異なった本性をもつ存在者が一千年の間共存することを、ニュートンは予見していたのである――彼が言うには、その有り様は現世とまったく変わらないのだ。その逆の状態について、彼はきわめて明確に述べている。

しかし、死ぬ運命にある者たちが千年期の間地上にあることはどのように実現するのか、とあなた方は言うであろう。……審判の日の後も大地は残っているのだろうか、また死ぬ運命にある者たちはそこで生活しているのだろうか、また復活の息子たちはほかの人間たちと同様に人間たちの中で生活をして、その愛する町で人間たちを治めるのだろうか。私は答えよう、愛される町が死ぬ運命にある者たちの町であるのは真実だ、と。さらに私は言おう、いくつかの宝石や真珠のように栄光に輝く新しいエルサレムの描写〔四二〕はこの町に関する解釈なのだ、と。……しかし、復活の子供たちがほかの人間たちの中で生活をして、また死ぬ運命にある者たちがお互いにするように毎日彼らと会話をして、この世の王国のやり方に従って人間たちを治めているところを想像するのは、とても愚かでばかばかしい。人間は獣や魚と会話をするのか、天使は人間と会話をするのか。(25)

人間たちの前に時折姿を現わすにすぎない存在者を創造したにしても、千年期の間に神が必ずしも越権的になったというわけではない。「復活の子供たち」の体はキリストの体に似ており、時たま見えるにすぎないであろう。「彼の体はかくのごとし、われらの体もかくあらん」とニュートンは書き、少からざる自信をもってこうした「復活の子供たち」の中に自らもいるようであった。(26) 正しい人間たちの霊は完全なものとされるであろうし、また彼らにとって新しいエルサレムは「地上にある地方都市」であるばかりか、「キリストとその天使たちと死から呼び覚まされ天上にあるキリストとともに君臨する聖者たちの全体集会(27)」ともなるのだ。

では天上の町はどこに置かれるのだろうか。ニュートンは懐疑的に無視するかと思えば、想像力をたくましくすることもある。

もしあなたがこの天上の町がどこにあるのかと尋ねれば、私は答える、私は知らない、と。盲人には色彩は語れない［一般的注解において繰り返し使われた、人間の知識の限界を示すためのメタファー］。さらにそれから、私が何も知らないことを、預言は私に告げている。しかし次のことを私は言っておく。水中の魚たちは川を上ったり下ったり、どちらでも行きたい方向に移動するし、また望む場所で休むように、天使もキリストも復活の子供たちも空中や天上において同じことができるだろう、と。天国や幸福を作るのは場所ではなく状態なのである。というのも、神はあらゆる場所において一様であり、神は本質的にあまねく存在する者であって、至高の天国におられるようにどん底の地獄にもおられるのであるが、しかし神の祝福を享受することは場所の多様性に従ってさまざまなのかもしれないし、またこの多様性によれば神はある場所ではより高き者であり別の場所ではより低き者と言われるが、神が最も享受され最も慕われている所、それこそが天国であり、預言の言葉で言えば神の幕屋であり王国なのである。われわれはいつも上のごとく考えている。(28)

ニュートンは、この手稿において、栄光の神学にあふれ出る言葉で表現を与えた。創造者の複合的で無限の力に対する純粋な——ほとんど熱狂的と言ってよい——驚きがあった。

下の世界がすべて生ける被造物によって満たされている（大地が獣で満たされ、海が魚で満たされ、空が鳥や虫で満たされているだけではなく、よどんだ水や酢や動物の体と血とその他の体液もまた小さすぎて拡大レンズの助けがなければ見えないような無数の生ける被造物で満たされている）ように、上の天国もわれわれには理解できない本性をもつ存在者で満たされていよう。生命の奇妙で不思議な性質や動物たちの骨格を巧みに考えておられる神は、自然の可能性を超えるものは一切お考えにはならないだろうし、神の万能の力がもて余すことも一切お考えにはならないであろう。そして、惑星がその軌道上にとどまっているように、ほかのどの天体も地球から一定の距離にあるであろうし、またそれ以上に自発運動をするだけの十分な力のある存在者は自らが行きたい方向に動いていくであろうし、自らが欲する場所に身を置くであろうし、またいずれにせよ天国の世界のどこかに、別世界の社会を楽しむためや、そして自分の使者か天使を遣わして地球を支配したり、遠く離れた地域と会話をするために、そこに留まるであろう。かくして、いずれにせよ、天国全体かそのどこかの場所が幸いなる者たちの住み処となるであろうし、それと同時に大地はその支配下に入ることになろう。そして、このように天国全体を自由にする権利やそれを支配する権利をもち、また至福の滞在場所を選択できることは、いずれにせよ、一ヵ所に留め置かれるよりも大きな幸せであるように思われる。(29)

実際にはその人生の中でウルスソープ、ケンブリッジ、ロンドンが作る三角形を決して出ることのなかった男の手になるこの文書！

このような引用個所において、見えない事物の存在をとらえる自分の感覚と被造物の豊富さにいだいた畏れ驚きの思いを、ニュートンは見事に伝えている。彼の考える宇宙は霊的存在者が充満する空間《プレヌム》なのであるが、これはまた、物質が充満する空間《プレヌム》の観念に彼が反対している事実を説明するのに役立つかもしれない。ヘンリー・モアが彼を描写して述べているように、メランコリックな容貌をしたこの男は、天空を翔けめぐる自分自身を想像して悦に入っているように見えた。広大な空間を動き回るその光景は彼を怖れさせはしなかった——楽園について教父たちが数多く描いているように、その空間を幸せに群れ集う聖なる仲間たちが満たすであろう。そして、復活の子供たちのごとく、彼は死ぬ運命にある者とすっかり絶縁することはなく、天使を介して彼らを支配し、宇宙の最も遠い境とさえ関係を続けるであろう。

このように語り尽くした後で、ニュートンはある種の放棄宣言を行なった。「しかしこれらの事物の実相と外観は復活する前のわれわれにはわからないだろう。私に言えるのは、その可能性に過ぎない。[30]」ニュートンはいかなる仮説も捏造してはいないし、決して妄想を語ったわけでもない——それが公式のスタンスであった。そして、彼は自分自身の見解から超然としている術《すべ》を持っていたし、部分的にせよそれを撤回する術もあった。至福の夢は可能性に過ぎない、と彼は警告した。あわれなるかな、ロンドン時代の終わり頃に書かれた手稿は、私にすれば、詩的にうったえて来るものがない。年老いたニュートンがイギリス科学の総帥や王立造幣局の長官となった時、昔の黙示録解釈が政治的出来事や教会での出来事の無味乾燥な年代記の形になるまで、彼はそれらを書き直し、編集し、その要約を作り、訂正を加えていった。創造性の源は、科学においても宗教においても、枯渇してしまったのである。

ニュートンが行なった、基本的な宗教的原理に関する言明も、預言に関する解釈も、聖書の中の歴史文書に対する本文批判も、世界年代記の体系も、宇宙の理論も、異教的神話のエウヘメリズム的編集も、すべて同じメンタリティと思考スタイルを示している。もし自然が自らと調和しているとすれば、アイザック・ニュートンの心も同様であった。彼の力が最も旺盛な時には、彼の中では、混沌としているように見えたものにおいて秩序と企図を見出そうとする欲求や、巨大で、無秩序な素材のかたまりから、全体に及びその構成要素の関係を規定するであろう、ほんのわずかの基本原理を抽出しようとする欲求が抑えがたくなった。ニュートンは自然に関する異質な考察の世界に留まれなかったが、それ以上に歴史上の出来事がもっている絶対的な個別性と多様性を単に黙想することに安んじて甘んずることもできなかった。彼はどのような方向に向かおうとも、一様な構造を探究していた。天上と地上のありとあらゆる事物を、壮大ではあるが、塵一つ逃れられないほどに厳格な枠組みに彼は無理矢理はめ込もうとしたのだった。

ニュートンが行なった研究のすべては、一つの抗いがたい欲望に駆り立てられたものであり、彼はこの世の神の作品を通じて神の意志を知りたかったのである。私自身はと言うと、神の知識を探究し続けたニュートンに見られる真剣さは、私がこの講義の最初のところで示したように、彼が自分の父を精神的に探し求めていたことと結び付いているのではないか、と思うようになった。このような主張は、一般に認められた歴史的証拠の規準に従うと、立証可能なものではない。しかしおそらくは、今や、規準そのものを見直す必要があるのだ。過去の宗教的経験を追体験しようとすると、われわれは心理学的分析や隠された意味を受け入れなければならなくなるか、あるいは宗教的行為を単に説明する試みや解説書の中の合理論的神学的議論の分析に限定してしまわなければならないことになる——いずれにせよ、アイザック・ニュートンの宗教を探究することは、むしろ不毛な試みとなるだろうが。

今回の講義を締めくくるに当って、私はもう一度ニュートンの宗教的信条を振り返ってみたい。その教会史の中に埋もれてしまったある断片において、彼は御父に従っていくことを宣言した。思想的に見ても、あるいは宗教的感情の表現として見ても、それは大してオリジナリティのあるものではない。しかし、個人的信仰の告白としては、自然な誠意が感じられるのである。

われわれが畏れ従い、その律法を守り、栄誉と栄光を献げることのできる、至上の支配者である一人の神がおられることを、われわれは信じなければならない。神の民がわが父として神を愛し神に従うように、万物であられる神が御父であることを、そして神がわが子として人々を愛しておられることを、われわれは信じなければならない。われわれが背いて別の神々を祀ったり、また彼の王国の律法に背いたりすれば逃れられないように、また神の意志を行なえば大きな報いが期待できるように、神が抗えぬ限りなき力と支配力をもった *παντοκράτωρ*〔パントクラトール、万物の支配者〕、万物の主であられることを、われわれは信じなければならない。われわれが生まれたことを神に感謝し、この生命《いのち》のあらゆる恵みに感謝し、神の御名をみだりに口にせず、偶像や別の神々を崇拝しないように、十戒に表わされているごとく彼が天と地とその万物を創造されたユダヤ人の神であることを、われわれは信じなければならない。われわれは神々の名を天使や王たちに奉ることは禁止されていないが、われわれは彼らを神々として祈ることは禁止されている。というのも、天にあれ地にあれ神と呼ばれる者はあるけれども（神々には多くの者があり主にも多くの者があるように）われわれにとっては万物の父にして、ただ一人の神がおられ、われわれは神のうちにあり、万物とわれわれにとってただ一人の主イエス・キリストのうちにある。すなわち、祈るべきはただ

一人の神とただ一人の主のみなのだ。(31)

補遺A

黙示録に関する論文からの断片

連続するこれら三つの断片は五五〇ページに及ぶ手稿の一部であり、サザビー・カタログでは品番二二七の下に解説が付されているものである。現在の整理記号はヤフダ手稿一で、八束から成っている。この論文はケインズ手稿五およびヤフダ手稿九と関連がある。タイトルの付いていない序論部分の後に、「聖書を解釈する際に語句や言語に註釈を付するための規則」と「黙示録を整然たる文書とするための規則」が続いている。以下の断片は最初の束の第一―一九葉に当たる。順序通りになっていない葉番号は、ニュートンによる裏頁あるいは欄外への挿入であることを示している。第一〇葉表の本文は途中で切れており、第一一葉は失われている。

（一表）預言書に関する知識を探究するに当たり〈また神の恵みをもって得られると〉、その才能を布切れにくるんで隠しておいた者に対する裁きのこと〔ルカ一九・二〇〕を思い出すと、他者の利益のためにそれを伝える義務が自分にはある、そのように私は考えた。というのも、使徒〔パウロ〕がバプテスマや按手や死者の復活や永遠の審判の教義について釈明しているように〔ヘブル六・二〕まじめなキリスト教徒がキリストの教義の原理に満足して甘んじるだけでは不十分だと考え、これらの原理や似たような原理を棄てて、彼らが成人《おとな》になって実利面から善悪を見分けられるように訓練された感覚をもつまで完璧に達することを欲する人々にとって、このことに大きな利益があることの証拠になると、私は確信しているからである。ヘブル五・一二〔―一四〕。

私はこうした試みでこれまで人々が出遭った困難や不成功に少しも気落ちしたことはない。これは当然のことにすぎない。というのも、最後の時に関する預言の書が閉じられ終わりの時まで封印されるであろう、しかもその時この賢者〔ダニエル〕は知識が増すことも理解するであろう、との啓示がダニエルに下ったからである。ダニエル一二・四、九、一〇。したがって、預言が曖昧であり続ける期間が長くなるほど、やがてそれらが明らかにされる時が近いことへの期待も、それだけ大きくなるのだ。もしそれらが決して理解されないことになれば、神はいかなる目的でそれらを啓示したのであろうか。確かに神は教会を教導するためにそれを行なったのである。またそうであるならば、教会が預言について十全な理解に必ずや達することになるであろう。私は自らをキリスト教徒と称するすべての者たちを考えているわけではなく、神が選ばれた生き残りの人々、離散したわずかな人々のことを考えているのだが、例えば関心や教育や人文学の権威たちによって〈酔わせられ〉導かれないでも、彼らは誠実かつ熱心に真理を求めるべく自らを律することができるのである。というのも、ダニエルは賢い者は悟るであろうと述べているが、また悪い者は誰も悟らないだろうとも述べているからである〔ダニエル一二・一〇〕。

そこで私は、これらの事柄に関していかなる人間の見解も信じないよう、汝にはお願いしたいが、さもなければおそらく十中八九は汝が欺かれることになるからだ。汝が群集の裁き〈を続ける〉を〔二表〕信頼することも程々にすべきであって、さもなければ汝は必ずや欺かれることになるからだ。ただし自ら聖書をひもとけ、そうして何度も読むべし、汝が読んだことを絶えず静思してみるべし、またもし汝が真理を発見したいと望むならば汝の蒙を啓《ひら》いてくれるよう熱心に神に祈るべし。もし汝が十分に達するならば自信と気力のおかげで世界にあるほかのどんな宝物よりも高く評価しようと汝が思っているものが汝の信仰に加わるであろうし、それを経験するのは誰なのかを判断する方法は彼〔神〕のみが知りうるのだという、変わらぬ満足感も汝の心には加わるであろう。

〈その〉聖なる預言を理解することから生じる利益とそれらを否定することから生じる危険性がたいへん大きいことや、預言を研究すべき責務も劣らず大きいことは、キリストの来臨においてユダヤ人が似たような立場にあったことを考えることによって明らかになるかもしれない。というのも彼らが自分たちのメシアを知りうる規律は旧約の預言だったからである。また預言をわが救い主は自らの宣教を始めた時から尊重するよう告げられた、ルカ四・二一。また後には、聖書の中で永遠の生命《いのち》が手に入るとお前たちは考えるのだから聖書を調べよ、また聖書は私について証するものである、と言われて〔ヨハネ五・三九〕、その目的のために預言の研究を命ぜられた。また別の折には彼らがしるしを求めた時彼らに対して、お前たち偽善者よ、お前たちは空模様を見分け〈ること〉られても、時代のしるしは見分けられないのか、と言われ〔マタイ一六・三〕、彼らの無知を厳しく戒めたことがあった。またその復活の後に、彼は弟子たちに対して、ああ、愚かで心が鈍く、預言者たちが語ったすべてのことが信じられない者たちよ、キリストはこれらの事どもを受けて、その栄光に入るべきではなかったのか。またモーセやすべての預言者に始まって、彼は聖書全体に記された自らに関する事柄を彼らに向かって説かれた、と言われ〔ルカ二四・二五—二六〕、彼らの無知もまた戒めた。かくして使徒たちや草創期に福音を宣べ伝えていった人々もまた主にこれらの預言を説いてまわり、わが救い主に関するすべての事柄が預言通りにならなかったかどうかをその聞き手たちに調べてみるよう促した。要するに、彼らをして自分たちのメシアを拒ませ、その結果としてローマ人に囚われただけでなく永久に弾劾されることになったのは、これらの預言に関するユダヤ人の無知だったのである。ルカ一九・四二、四四。

もし使徒時代に関係する預言がその時代の人々を真理に目覚めさせ、その信仰を強めるためにその時授けられたのであれば、またもしそれらの預言を調べることに精励することが彼らの義務であったならば、われわれが（三表）堕落していく後々の世と関係する預言を自分たちが使えるようにも構想されていること、背教が進む中にあってもわれわれが真理を窮めることができるかもしれず、預言についての信仰を深められるかもしれないこと、またさらにこれらの預言を精魂こめて調べることがわれわれの義務でもあることなど、われわれはどうして考えてはいけないのだろうか。またもし神がキリストを知るために授けた預言についてまじめに調べもしないユダヤ人たちのことを神が怒ったのであれば、アンチキリストを知るために神がわれわれに授けた預言について調べなくとも神はわれわれを許してくださるであろうと、われわれはどうして考えるべきであろうか。確かに、ユダヤ人にとってキリストを否認することが危険で安易な過ちであったように、キリスト教徒にとってはアンチキリストを信奉することは危険で安易な過ちであるにちがいない。したがって、キリストに従っていくためにキリストを理解することが彼らの義務であったように、〈アンチキリストを理解すること〉われわれがアンチキリストを避けるためにアンチキリストを見分けることに努めるのがわれわれの義務でもある。

かくして、これが怠惰な思弁でも、どうでもよい問題でもなく、最重要の義務であることに汝は気付くのである。それ故に、汝がかくも堕落した時代に危うく誘惑されそうになりながら、そのことに気付かないでいることがないように、周囲にしっかりと気を配ることは汝にとって重要なことなのだ。アンチキリストはキリスト教世界全体を誘惑することができたはずであり、したがって、もし汝がアンチキリストを見分ける備えをしていなければ、アンチキリストは汝をたやすく誘惑してしまうかもしれない。しかし、アンチキリストが今すぐにはこの世にやって来なかったとしても、依然としてきわめて多くの宗教——その中で真の宗教はたった一つしかあり得ないのだが、それらの中のどれ一つとして汝が熟知している宗教はおそらくないであろう——に囲まれており、汝が欺かれるおそれが大いにあることから汝はとても不安になるのである。

（二裏）わが救い主がユダヤ人たちに対して、聞くことは聞いても理解せず、見ることは見ても気付かない〔マタイ一三・一四、マルコ四・一二およびルカ八・一〇も参照〕ことを、譬え話でどのように教えたか思い出してみよ。また、これらの譬え話がユダヤ人を試みるために語られたように、神秘的な聖書はわれわれを試みるために書かれたのである。この故に、汝がこの試練に耐えられないことがないように気を付けよ。もし汝が耐えられないとしても、わが救い主の譬え話の難解さのせいにしたユダヤ人たちのように、汝はかの聖書の難解さのせいにするわけにはいかないであろう。

いちじくの木の譬え話〔マルコ一三・二八—三一、マタイ二四・三二—三五、ルカ二一・二九—三三〕による後々の世に関するわが救い主の教えもまた思い出してみよ。いちじくの木から譬えを学べ、その枝がやがてやわらかくなり枝を伸ばすと、おまえは夏が近いことを知る。それと同じようにお前がこれらのことを見た〈時〉ならば、それ〔人の子〕が戸口のすぐ近くにいるものと知れ、とイエスは言う。——それ故、お前の主がいつ何時《なんどき》にやって来るかお前は知らないのだから、よく目を凝らしていよ。〔マタイ二四・四二〕またその故にこそ、汝の義務は（四表）目の凝らし方がわかるように、また地上にどんな時代が訪れるのか、すでに過去となった事どもから見分けられるように、世のしるしを学ぶことなのである。もし汝が目を凝らしていれば、いちじくの木の葉っぱから夏の近いことがわかるように、汝はそれ〔人の子〕がいつ戸口に立つかわかることもあろう。しかし、もしそのしるしに気付かないで、わが主の到来が遅いと汝が心の中で呟いたり、また汝の僕《しもべ》仲間をたたいたり、酔っ払いどもと一緒に飲み食いを始めたりしておれば、汝の主が思いも寄らない日や気付かない時にやって来て、汝を八つ裂きにし、偽善者と運命を共にさせると、そこで汝は泣き叫び歯がみをすることになろう。マタイ二四章〔四八—五一節参照〕。もし汝が目を凝らしていなければ、どうしてほかの人々よりも逃れることができようか。というのも、罠のようにそれ〔人の子〕は地球の隅々《すみずみ》に住んでいるすべての人に臨むことになるからである。ルカ二一章〔三五節〕。

（三裏）わが救い主の最初の来臨を告げた同じ預言者が、その再来もまた預言したことを思い出してみよ。また、もしキリストの最初の来臨より前にこうした預言をあらかじめ調べて理解することが教会にとって主たる義務にして逃れようのない義務だったとすれば、同じ預言が成就する時までに、それらをあらかじめ理解しておくことが、どうして同じようにキリストの再臨を前にして教会の義務とならなかったのであろうか。あるいはまた、たとえ預言に無視され続けたとしてもキリスト教会は、かつてのユダヤ人がそうだったように、この世においてさえ厳しく罰せられることはあるまいと、汝はどうして知っているのか。のみならず、ユダヤ人はわれわれを裁きにかけないのだろうか。というのも、わが救い主がやって来るその時を誰しも期待していたことから、彼らはこれらの預言を少しは考慮していたものの、キリストが二度やって来ることを知らなかっただけだからである。〈また誤って〉キリストの二度目の来臨に関する叙述を彼らは理解してはいたにせよ、それを最初の来臨の時期に応用するという過ちを犯したにすぎなかった。ならば思い出してみよ、キリストの二度目の来臨に関する叙述が最初の来臨に関する叙述よりはるかに簡潔で明瞭であるにしても、最初の来臨という出来事に気付きもしなかったユダヤ人たちにも二度目の来臨が理解できたことを。第二の来臨について何も理解できず、その叙述全体を寓喩《アレゴリー》と化してしまったわれわれが、どのようにして〔罰を〕逃れようというのか。また、たとえユダヤ人たちが〈最初の〉もっと難しい預言を理解しなかったことをもって厳しく罰せられたとしても、もっと明瞭な預言について何も知らないわれわれに何が主張できるというのか。それでも、第二の来臨にとっての鍵でありながら、ユダヤ人には見えなかった最初の来臨がわれわれにとっては一目瞭然たるものであり、また第二の来臨については新約聖書においてより深い説明がわれわれには与えられていることから、われわれはユダヤ人にまさる有利な立場にあるのである。

（四裏）こうした後々の世のことを知るために使徒たちが原始教会をどのように教え導いた〈かも思い出せ〉か、もう一度思い出してみよ、第二テサロニケ二・五。また、原始教会が後の世に生きるためのものではなかったならば、それを理解することがたとえこうしたキリスト教徒の義務であるとしても、後の世を知ることは自分たちとまったく関係がないとわれわれは考えるようになろう。

〈ふたたび〉黙示録の構想もまた思い出してみよ。それは教会が自らを正しい道に導くために使えるように与えられたのではなかったか、またこれは全預言書の最後を飾るものではないのか。もし黙示録を必要としなかったのであれば、あるいはもしそれが理解されないのであれば、ではなぜ神はそれを与えられたのか。〈しかしもし必〉神は玩んでおられるだろうか。しかしもし教会にとってそれが必要であったならば、ではなぜ汝はそれを無視するのか、あるいは自らが正しい道にあることを汝はいかにして知るというのか、それなのにどうしてそれを理解しないのか。〔三裏〕〈これこそが、カトリックの誤謬がもとで、まずワルドー派やアルビ派によって、次にプロテスタントによってこれまでに引き起こされた宗教改革の主な理由であり、したがってこうした後々の時代において教会がどれくらい導きを欲しているのか予見した神がこの預言をこの目的のために構想されたものと信ずべき根拠がわれわれにはあるし、また結果次第では、預言がすっかり明らかになることによって、神から次なる勧告がもたらされるものとわれわれは期待していてよいのである。〉

〔四表〕最後にこの預言に書かれている事柄を朗読し研究し守る者たちに約束されている祝福を〔五表〕思い出してみよ。この預言の言葉を朗読する者と、これを聞き、そこに書かれている事柄を守る者たちは、祝福されるが、それは時が近づいているからである、黙示一・三。そしてもう一度、これらの事柄を考えてみるようさらに強く勧めるために、〔黙示録〕二二章七で同じ祝福が繰り返されている。また、下らぬことやどうでもよい事柄にも祝福を神は与えるのだろうか。だからと言って自分の考えが違ってはならない、しかし汝がこの祝福を継ぎたいと思うように神が後々の世の手引きとするべく与えられたこの聖書を思い出し調べてみよ、そしてこれらの事柄がこの世で否定されても希望を失うことがあってはならない。

彼らは汝を〈気短なやつ〉偽善者、狂信者、異端者といった風に呼ぶであろう。またこれらの解釈は不確かなものであり、これに耳を傾けることに意味はないと言うであろう。わが救い主の最初の来臨に関する預言が解釈の困難なものであることは別として、それでも神はこれに十分に耳を傾けなかったためにユダヤ人を否認されたのである。また、キリスト教徒たちがそれを信じようと信じまいと、そのい加減さを断ずるために、かつてユダヤ人がなお感じていたよりも大きな裁きが、彼らには迫っている。しかし、この世の愛が裏切られる定めにあるとは、彼らにはわからないであろうし、彼らは同じように決して考えてみようともしないであろうが、しかし彼らは先入見や欲得や人間を褒めそやす言葉に惑わされ、彼らの信仰生活の場である教会の権威にすっかり左右されているのだ。すべての教団が彼らを育んできた宗教をかたくなに守っている訳は明白だとは言うものの、どんな教団にも無知蒙昧の輩がいれば賢くて学識のある者もいるものなのだ。自ら信仰告白をした宗教を理解しようと努める者はほんのわずかしかいないが、それを理解するために学ぶ人々は、むしろこの世の目的のため、あるいは彼らがその宗教を弁護できるように、それから〈この世のために〉彼らの裁きにおいて最も真実の宗教と思われるその宗教を選び、確信をもって帰依することが正しいことなのかどうかを検討するために、それを行なうのである。また、彼らの信仰のあり方によって彼らの（六表）実践の仕方も決まるのだ。決して怒りに屈することも復讐を求めることもなく、支配者に従うこともなく、彼らの悪を咎め糾弾することもなく、ごまかすこともなく、嘘をつくこともなく、誓うこともなく、その普段の会話において何気なく神の名を出すこともなく、誇りも大志も貪欲さもなく、淫らでもなく、大酒も飲まない人間がいったいどこにいると言うのか。原始キリスト教徒のように生きて、全身全霊能う限り神を愛し、自分自身のごとく隣人を愛する人間が、また宗教よりむしろ異邦人の流儀や原理によって自らの成功に導かれることのない人間が、そしてまたそれらの意見が食い違っている点で昔の意見に反しても難儀なことと思わない人間が、どこにいると言うのか。私は律法学者やパリサイ人たちの義を超えた義の持ち主がきわめて限られていることを恐れているのだ。

これがこの世の実態であり、またしたがってこれを信頼することも、彼らの激しい非難や蔑視を評価することもしてはならない。むしろ、神の教会がこの世にとって愚劣に見えるのは、信者を試みるための神の知恵であることを思い出してみよ。この目的のために木の上に架けるべしとの法の下に、十字架の恥辱がユダヤ人にとって試練となるよう、神は災いをなされたのである。またキリスト教徒に対する同じような試練のために、地上に住む彼らを試みるために全世界に臨もうとしている試みの時と名付けてそれを示されたように、神は後々の世の背信行為に苦しまれることになった、黙示三・一〇。それ故にこの世のあざけりに憤慨することなく、むしろ真の教会の証拠としてそれらを見ておくのだ。

そして汝が確信しているならば、真理を信奉するのを恥ずることはない。というのも、さもなければ汝はほかの人たちにとって躓きの石となるかもしれず、キリストを信じたものの、それでもシナゴーグから追放されないかとキリストを認めるのが怖かったユダヤ人たちの、その統治者の血を受け継いでいるのかもしれないからだ。(1) だからこそ、汝が確信しているならば、真理を恥ずるな、公然とそれを信奉せよ、復活する時にダニエル一二・三においてなされた約束を汝が受け継ぐかもしれないことを、多くの者を義人に変えた彼らがいついつまでも星となって輝いていくことを、汝の兄弟にも信じさせるよう努めよ。また、汝が福音のおかげで汝が高い評判など受けるにふさわしい者と考えられているならば喜べ、(七表) さすれば汝の報いは大きいからだ。

だがしかし私は、わずかな譬え話や聖句に飛びついてしまったり、またより深い知識の不足から優れた先人を責め苛み、そして不快感をもよおすべてのものに毒づくためにそれらを利用してしまう人間のごとく、教師になることに汝が積極的すぎるのもどうかと思う。彼らのようにのぼせ上がることなく、まず徹底的に汝自ら教えを身に付けよ。預言書の教えは言うに及ばず、そこに述べられた平明な教義も、それらが実践できるように、それらが汝自身の体の一部となるまで鍛えよ。また、汝がここで汝自身の目から梁《はり》を取り除いたならば、すると汝ははっきりと見えるようになって、汝の兄弟の目から塵《ちり》を取り除けるであろう。〔マタイ七・五〕さもなければ、汝はどうして汝の兄弟に向かって言えるであろうか、あなたの目から塵を除かせてください、ほらあなた自身の目の中に梁がありますよ、と。

私の知り合いのある者たちは、まるでこれらのことが学者の思索にふさわしいかのごとく、それらをすべての人々に対してきわめて熱心に私が提起していることを不快に思うであろう。しかし、人間の能力を最もよく知る神がこの世の知者や賢者から自らの秘密を隠し、赤ん坊にはそれらを明かしておられることを、彼らは思い出すべきである。彼らは律法学者やパリサイ人ではなく、キリストを信じ彼の譬え話や旧約の中の彼に関する預言の真の意味を理解した下層の人々であった。この世の知者はしばしば自らの想念にあまりにも囚われすぎていたし、この世の生命《いのち》の目的にあまりにもかかずらいすぎていた。ある者は一筆の土地を買った、ある者は五対の牛を買った、またある者は妻を娶った、などと言いながら、実はたいてい別のことにかまけていたために、〈足萎《な》えの人や〉貧しい人や体の悪い人や足萎えの人や盲目の人や道端や垣根のところにいる人々が招かれる方がましだったのである。〔ルカ一四・一八―二四参照〕〈また〉この預言を主として彼らのためとされた神は彼らの理解力をそれに合わせることができるのである。またそれが信じられるようにそれを理解できるのも神の恵みなのであって人間が賢いからではない。

手引きがなければ、彼らだけでなく学者にとっても、それを正しく理解することがとても難しいことは事実であろう。しかし、たとえその解釈が労せず行なわれたにしても、このような手引きの助けがあれば、優れた教育を受けた人たちと同じように、彼らも注意深く何度も読まなくても、〔八表〕なぜそれを〈判断〉理解し判断することができるようになるのか私にはわからない。また、私がこの書物〔聖書〕に期待するこのような手引きが証明しているのは、解釈が現実になるのはいつなのか、また二つある解釈のうちどちらが最善の解釈なのか、こうしたことを読者が知るための以下の規則を十分に考量することによって彼らの判断はなされているのか、ということであろう。

このような解釈に初めて道を付けたのは賢明な学者で良心の人ミード氏であり、私はたいていの場合に彼に従ってきた。彼の言うことが正しいと思えば、そこからはずれるのは私には正当なことではなかったし、彼がいくつかの事柄において誤ったことよりもむしろ、彼にはほとんど誤りがないことの方が私には不思議なのである。彼の間違いは主にその著書である『〔黙示録の〕鍵《クラウィス》』にあったが、それが完璧だったとしても、ほかの著書は当然のことながら〔間違いに〕陥ったであろう。黙示録にあるような過去の方法論を顧みないで解釈を与えることにすぐに飛びついた人々のいい加減さは、そこに発していると思われる。預言のいくつかを、〈その考察も〉最初に関連があるはずの内的性格を考慮することもなく、その自然な順番を無視して満足感だけで勝手に歪曲してしまうことにすれば、この世の中にさまざまなものがある中で、解釈らしく見えるようなものにいろいろな意味でそれらを応用するのは、それほど難しい問題ではないかもしれない。とは言え、ミード氏の労作以外に私が目を通したものはどの本も駄作で記述のバランスを欠いており、私は〈心からこれらの著者に望みたい〉これらの著者の何人かは自分たちの解釈を信じてさえいなかったのではないかと危ぶんでいるのであるが、彼らの解釈を見ていると、彼らがこの預言の末尾に付け加えられた呪いの言葉に思いを致し、もっと慎重であってくれたならば、と思うのである。

この書物〔聖書〕の預言の言葉を聞いているすべての人に対して私は証しする。もし誰かがこうしたことをやり続けるならば、神はこの書物に書いてあるようにその人に対する災いを増やすであろう、と。またもし誰かがこの預言に関する書物の言葉（九表）を貶めるならば、神は生命《いのち》の書からも、聖なる町からも、この書物に書かれている事どもからも、彼の個所を消し去ってしまうであろう。

さて、誤った解釈を行なうことは、人々に偏見を抱かせ、この書物を正しく理解することを妨げることである。また、これは聖書を足したり引いたりするにも等しい改竄であるが、それは同様に人々からこの書物の有用性とそれがもたらす利益を奪ってしまうからだ。それでも、彼らの改竄が行なわれたのは、この世に現われたある者の虚栄心からでもなく、無限に価値のある内面の純粋さよりも教会の外観が壮麗で立派であることを推し進めようとした企みからでもなく、またそのほかの現世的な目的からでもなくて、神も罰しようのないまっすぐな気持ちに発するものであったことを私は願っている。

だが、願いがかなうものならば、使徒時代におけるものでさえ、すべてのことを遠い昔のこととする人々には、彼らによればこの預言が教会にとって有益であったはずの時も、彼らの解釈が一顧だにされなかったことを思い出してほしいのだ。すべての聖なる預言は教会に役立つよう与えられたのであり、それ故にそのいずれの預言も神が想定する役立つべき時代の教会によって理解されるべきものなのである。しかし、これらの預言はそれより前の時代の教会によって理解されることは決してなかった。彼らはそれらを理解しようとさえしなかったし、また預言が自分たちの時代と関係があるとは考えもせず、後々の世にやって来るとそこに書かれているアンチキリストに関する古い伝承を全員が一致して後世に伝えたのである。またそれ故にそれらの預言はいまだに理解されていないし、神も落胆されてはいないはずだが、それらが現在と未来の利益のために書かれたこと、またそのことはこれからわかるのであって、いまだに成就していないことを、われわれは認めなければならない。だからこそ、神との闘いが発覚しないために、彼らがこれらの書を転用したり使えなくしたりしようといかに苦労しているか、人々には注意を払わせることにしよう。

それ故にこれらの書の重要性やその解釈を間違うことの危険性を思えば、（一〇表）できる限り慎重であり続けることはわれわれにとって重要である。またそのために私は〈自らに提起〉次の方法論を採用することにしよう。

第一に私は解釈に関して一定の〈規則〉一般的な法則を立てることにするが、これを考量することによって読者はあらかじめ判断をなし、解釈が現実となるのはいつなのか、また二つある解釈のうちどちらが最善の解釈なのか、といったことを彼は知ることができるようになるのである。

第二に、読者が預言の言葉も理解できるように、私はそれに関して手短かに説明するつもりだが、その言葉が王国を世界〔宇宙〕あるいは獣《けもの》〔アンチキリスト。黙示一三・一八参照〕のどちらかになぞらえることからどのように借用されているか指摘してみたい。その結果こうした要素が似通っていることから、預言の中に現われる比喩的言葉や表現のもつ意義は一目瞭然に了解され、それについての根拠から限定されるかもしれない。こうすることによって預言の言葉は確実と〈思われる〉なるであろうし、その言葉を勝手にこじつけて個人の想像力の産物にしてしまうことは避けられるであろう。これらの言葉を要約した項目を私は定義と称する。

第三に、前提にあるこれらの事柄を、私は黙示録の聖句と互いに比較し、それらをその内的な性格——聖霊がこの目的のためにそれらに付与したものである——を基準に系統立てる。また、これを私は〈それらを〉預言の本質を命題《プロポジション》に仕立て、すべての命題の真理に理由を付することによって行なう。ここでも私は、人間の域を超えた見事な知恵がこの預言の構成のうちにあってきらめき、それが旧新約聖書のほかのすべての預言と正確に一致していることを声を大にして称えるほかないのである。

第四に、

（一二表）　聖書の語句と言葉を解釈するための規則

一。聖書における文書間の一致と預言様式《スタイル》の類似性を丹念に考察すること、またこれが期待通りに考察されない場合にはこれらの解釈を退けること。かくしてたとえ誰かが獣《けもの》は大いなる悪徳の象徴として解釈しようとも、これはその者の個人的な想像として認めるわけにはいかないのであるが、それと言うのも、その様式や黙示録とその他のすべての預言書の大意によれば、獣は〈王国〉政体を象徴し、時にその政体の長《おさ》である一人の人物を象徴しており、聖書には別の解釈ができる余地はない。〈時に一人の

人物について語られていることを除くが〉

二。それが憶説とならない限り、聖書の一つの個所に一つの意味のみを当てること。〈というのも、一つの個所について一つ以上の意味を信じる義務は人にはないからである。もしその個所が文字通りの意味ならば、彼にはいかなる神秘的な意味も信じる義務はないが、もし神秘的な個所ならば、彼には文字通りの意味を信じる義務はない。また、もし二つの意味が等しく可能性のあるように思われるならば、一方を選ぶべき何らかの動機が見つかるまで、彼にはそれらのうち一つの意味が本当であることを一般的に信じるしか義務はなかろう。

だが、この規則はそのように理解されるべきものではなく、同一のものが異なる意味を持つかもしれず、さらにそれぞれの意味が聖書の異なる《個所》聖句あるいは文脈から集約したようなものなのである。その法の下になされるどんなことについてもわれわれは文字通りの真理を旧約《から》によって集約し、神秘的な意味を新約《から》によって集約する時のごとく、あるいは黙示一七・九、一〇から獣《けもの》の頭を山であり王たちのことと解せ。あるいは獣の数を彼の名前の数としていること黙示一三・一七、教会の数に匹敵していること黙示七・四および二一・一七、そしてある不正な行為の型であること黙示一九・二を思い起こせ。〉

（一二裏）それがおそらく共通性による〈場合のごとく〉ものでない限り、あるいは文字通りの意味がもっと高尚で神秘的な意味を隠すために構想されているのは、無価値な人間によって味わわれる〈ような時が来るまで〉ことを避けて、あるいは神が適当と思われるその時まで、貝殻がその中味を隠しているようなものである。こんな場合には、例えばそれなりに教会の利益となるかもしれないような時でさえも、わかりにくい意味の代わりに、真に文字通りの意味があるのかもしれない。しかし、われわれが重要な意味を持っている場合。もしそれが神秘的なものならば、われわれは真に文字通りの意味を、歴史や事実らしい出来事から導かれた議論による以上には主張することはできないだろう。もし文字通りのものならば、神秘的な意味もまたあるにせよ、〈それには神の権威も、また〉それに対する単なる共通性以上にもっと深い議論を欠いた意味があると、われわれが自信をもって言えることは〈めったにあり得る〉めったにないであろう。ましてや、二重の〈文字通りか二重の〉神秘的な意味を与えることにわれわれは慎重であるべきである。獣《けもの》の頭が山と王の二つを象徴している個所があるように黙示一七・九、一〇、二重の意味があるかもしれない。〈あるいはまた数において〉しかし、神の権威も欠き、また物事の共通性や類似性や相似性を超えた少しは深みのある議論さえ欠いてしまうと、預言がいろいろに見えてくる〈という確信が持てる〉ことなど、自信をもってわれわれには言うことはできない。この種のことにおいて自由にすぎれば、溢れんばかりの取り止めない妄想に堕し、狂信と紙一重となるであろう。

（一二表）三。特に同じヴィジョンでは、語句のもつ同じ意味にできるだけ近づけること、〈二　言葉の特性あるいはその他の細部が明らかに異なる個所でちがった意味を要求している場合を除いて、聖書そのものは二重の意味があることを示している　一〉またこのことが十分に認められ〈ない〉る場合には、これらの解釈を〈退ける〉選ぶこと。（一二裏）三。特に同じヴィジョンでは語句のもつ同じ意味にできるだけ近づけること、また〈言葉の特性〉どの細部も明らかにちがった意味を要求しているのでなければ、このことがほとんど〈然るべく〉認められない場合には、これらの解釈を〈否定する〉選ぶこと。（一二表）かくして、本文において〈意義、〉意味の変更を論じる材料が何もない時に、もしある人が獣《けもの》がある個所では王国を象徴し別の個所では悪徳を象徴するものと解釈するならば、これは〈継ぎはぎであり、また〉本当の解釈ではないと退けられるべきであろう。すると、もしある人が、大地と海あるいは大地と海川が関連し合っているような同じヴィジョンあるいは同時に生じたヴィジョンにおいて、〔黙示録〕一二章において第一のラッパが吹かれると竜が大地と海の住人の下に降りてきた個所〔黙示一二・一二〕のように大地が時に王国の領土を象徴するものと解釈し、大地が女を助けた個所〔黙示一二・一六〕のように時に衆議会を象徴するものと解釈し、〈竜が大地に投げ落とされ、二本の角のある獣が大地の中から昇ってきた〉竜が大地に投げ落とされ、二本の角のある獣が大地の中から出てきた個所〔黙示一二・一三および一三・一一〕のように時に低い身分の者たちだけを象徴するものと解釈するならば、この〔解釈の〕揺れはただちに黙認できるようなものではなく、あらゆる場合において大地が同じ意味を維持するような解釈は〈求め〉追求されるべきなのである。（一二裏）一七および一八章の淫婦のヴィジョンにおいても同様で、女あるいは大いなる町が支配する〔黙示録〕一七、一八章三、九、また彼女の転落を嘆き悲しんだ大地の王たちにほかならず一八・九、一〇、すなわち淫婦大地の王たち〈一七、一八章〉と取るべき。それは淫婦と一緒にみだらなことを為《な》し一七章二および一が支配した獣の〈彼らの王国を獣に与えた〉十人の王あるいは十本の角にほかならなくなり、それは辻褄が合っていない。（一二表）淫婦のヴィジョンでも同様であって一七および一八章、大地の王たちをある〈章〉意味に取るとしても一七章二および一八章三、九、また別の意味に取ることになるのだが一七、一八章、それは調和していない。

四。その個所の趣旨や細部が明らかに寓喩《アレゴリー》を要求している場合を除いて、聖書の文字通りの意味に従って最良であるような解釈を〈取る〉選ぶこと。かくして、剣による傷〔黙示一三・一四〕を精神的な傷と解釈すべきであるとしても、あるいはまた七番目のラッパを合図に始まる戦い〔黙示一一・七〕や、集い来《きた》る軍隊に表わされ〔黙示一九・一九参照〕、雹《ひょう》の嵐やほかの気象に表わされた平鉢〔黙示一六・一八、二一〕を精神的な戦いと解解釈〔原文 in interpreted〕すべきだとしても、本文《テクスト》の中にはこのような解釈を容認すべきものがまったく存在しないのであるから、それは幻想《ファンタジー》として退けることが望ましいのだが、ただしその場合にも、たとえいつ預言者がその隠喩的な言葉で語ろうとも、この規則を適用すると預言的比喩表現が有する通常の意味が語句の（一二裏）文字通りの意味と同義だとみなされるべきことに留意せよ。彼らはこの世を襲った雹の嵐や雷やいなずまや振動〔地震〕によって諸民族が打ちのめされる様子を描いているわけだが、どの民族の言葉もその民族の人々の間で通じるように、この隠喩的な言葉も彼らの間では通じる言葉なのだから、この比喩表現にこめられた通常の意味も、文字通りの意味であったかのように、その個所にふさわしい素直な意味と考えるべきなのである。

（一二表）五。聖書のどの部分に関してもその意味に同意すること（一三表）その言葉の使い方や特性また聖書のそこここの個所における文脈の趣旨から当該意味にきわめて自由で自然に帰着する真の意味として。というのも、もしこれが真の意味でないとすれば、真の意味は不確かなものとなり、それを知ろうにも誰一人として確信を持てなくなるからである。こうなると聖書は信仰の確かな規則になることもなく、さらにそれを命じられた神の精神にも反することになるのだ。

彼個人の意見またはどんな権威的人間の意見よりも優れた根拠はないのに、いずれにせよ聖書を平易な意味から寓意《アレゴリー》や自然さに欠ける意味に変えてしまう彼は、そうした意見によって聖書より以上に自分自身の想像力あるいは権威的人間の想像力を信じ頼ること〈そしてその帰結として真の信者ではないこと〉を宣言しているのである。したがって、このような人間の意見は、彼らの数がどれほどであろうと、斟酌されるべきではない。註釈家たちがそれをかくのごとく曲解したのはこの故であり、聖書の中に重大な不確実さがあったからではないのだ。また、これは異端者がみな入り込んでいった扉であり、古代的な信仰を追い出してしまう扉となったのである。

黙示録を順序立てる規則を論ずること。

（一二裏）規則五B。*caeteris paribus*〔ほかに違いがなければ〕最も重要なものである、これらの解釈を取ること。というのも、些末な事柄ではなく、預言の時代、時代に起こったこの世で最も重要な事柄を予表し記述することが、これらの預言における神の構想だったからである。かくして、三匹の蛙〔黙示一六・一三〕、獣の頭あるいは角〔同一三章〕、（一三裏）バビロンの淫婦〔同一七章〕、イザベルという女〔同二・二〇〕。なお新共同訳では「イゼベル」〕、偽預言者〔同一六・一三〕、預言者バラム〔同二・一四〕、王バラク〔同二・一四〕、殉教者アンティパス〔同二・一三〕、二人の証人〔同一一・三〕、太陽を着た女〔同一二・一〕、彼女の息子で人間の子〔同一二・二〕、悲嘆の声を上げる鷲、またこれらに似たものは一人の人物と解釈されるべきものなのか、それとも王国、教会その他の人間が作る大きな団体と解釈されるべきものなのか、という問題が出されたのであった。おそらくともかくも提示された一人の人物が人々の作る団体全体――彼はこの団体と競合関係にあるのだが――以上に注目に値する重要なものにでもならない限り、あるいはほかのある具体的な出来事が多数の人物よりも一人の人物の方に影響でもしない限り、私はこの規則〈もまた〉によって後者を取るべきだと思う。

（一三表）六。物語の順番に従って、どのような中断も混乱もそのような明らかな兆しがある場合を除いてこうした中断や混乱がないように、〈ヴィジョンと〉ある〈同じ〉ヴィジョンの部分部分を互いに繋げること。というのも、もし〈ヴィジョンやそれらの〉その部分の順番が恣意的に〈乱〉変えられたり乱されていれば、〈それらは〉それは確かな解釈とはいえないであろうし、またその解釈も〈それらを〉それを理解できないはずであり、〈それらを〉それを預言たらしめず、異教の神託のヴィジョンのように多義的な表現としてしまうことになるからだ。

七。二次的なヴィジョンにおいては、最も注目すべき部分や時期を互いに調整すること。また、もしそれらのヴィジョンが必ずしも〈あいま〉二次的なものと言えなければ、あるヴィジョンの始めか終わりをほかのヴィジョンのある注目すべき時期と一致させること。というのも、これらのヴィジョンはその時代の動きや変化――以下の規則によって両者には関係がある――に十分に調和しており、したがってそれらのヴィジョンは互いにも十分に調和しているのである。②だがしかし、この規則はそれほど厳格に、それらのヴィジョンがさまざまな王国と関係しているような場合か、あるいはまたあるヴィジョンは教会に関係し、また別のあるヴィジョンは国家に関係しているような場合に固執するわけではない。①〈なぜなら目覚ましい変革があるかもしれないから〉竜をすべての封印に擬し、獣をすべてのラッパに擬し、淫婦を嘆きのラッパに擬するのは、あなたが知っているこの一つの例である。

八。歪曲することなく、同時に生じたヴィジョンがそれらの部分部分に至るまで見事に調和するような〈解釈〉解析を〈取る〉選ぶこと。つまり、先行する規則におけるようにそれらのバランスを取って解析するだけでなく、それらが持っているほかの性質においてもそうすべきであり、また主にそれらを同じ動きと関係させるためにそうすべきだというのが、私の意図するところなのである。というのも、二次的なヴィジョンの構想はそれぞれが互いに鍵となるべきものであり、したがってまたそれらの鍵を壊すことなく開くには注意深さと用心深さをもってあるヴィジョンがほかのヴィジョンと一致するように合わせる方法が取られなければならないからだ。これこそが聖書を聖書をもって真に開示することなのである。竜の物語をバラ〔ンス〕よく封印やラッパと対比することや、ラッパを〈封印〉雹《ひょう》と、バラ〔ンス〕よく対比することなどは、あなた方が知っているこの一つの例である。

〔一四表〕九。歪曲することなく、物事を最大限に単純化している、これらの〈解釈〉解析を〈取る〉選ぶこと。このことの理由は先行する規則によって明らかである。真理は常に単純さにおいて見出されるべきものであって、多様性のある混乱した事物においてではない。裸眼には対象がきわめて多様に映っている、そうした世界は哲学者の知性が見渡すとその内的本質においてはとても単純に見え、その理解の度合いに応じてそれだけ単純になっていくものだが、同様に単純さはこうしたヴィジョンにおいてもあるのだ。そうしたヴィジョンのすべてがきわめて単純に実現しているということは神の〈すべての〉御業が完璧だということである。神は秩序の神であって、混乱の神ではない。またしたがって、世界の枠組みを理解しようとする者たちが自分たちの知識をできるだけ単純にしていく努力をしなければならないように、こうしたヴィジョンを理解しようと努めることにも単純さがなければならないのである。また、別のやり方をするような者たちは、それらをまったく理解しないに決まっているばかりか、預言の完全性を損ってもいるのだ。そして、彼らの構想がそれを理解するためではなく、それをごちゃ混ぜにし、それを複雑に込み入らせて人々の理解を混乱させるためにあるとの疑念も〈示して〉抱かせしめる。

一〇。黙示録を解析する上で、事実の結果から導き出された議論にはほとんど関係しないか、あるいはまったく関係しないこと。〈何となれば、そこには〉なぜなら、解析がまず解決されなければ、歴史的解釈にはいかなる確実性もほとんどあり得ないからである。

一一。黙示録のいくつかの個所が結び付くことをほのめかすために、聖霊によってその何個所かに刻印された性格や、また先行する規則の考察から最も自然かつ自由に結果される黙示録のその解析を、真の解釈として黙認すること。このことの理由は第五規則のそれと同じである。

この故に、別の方法があるようなふりをして、黙示録に関する私の解釈が疑わしいと主張する者があるならば、それが誰であれ、私のやったことに訂正すべき点があることを示さない限り考慮に値すべきものは何もない。もしその者が（一五表）主張する方法に納得がいかないか、あるいは大した根拠もなければ、まさにその事が彼らが誤っていること、そしてその者が真理〈を〉でなくある派閥の利益〈のための勤め〉を追求していることの十分な証明となっているのだ。また、もし私が採用している方法が預言の本性や天性に従うものならば、それを確証するのに証明など別に必要としない。というのも、すぐれた職工によって作られた機械装置《エンジン》で言えば、間違った場所にある部品が壊れているのに、うまくつなげてあるように見えてしまうと、〈すべての〉人間というものは、それらが正しく組み立てられているものと信じ込んでしまうからである。また、ある者にとって著者の意図がどんなに難解であろうとも、もっと荒っぽい解釈を〈言葉が押し付けることもあり得る〉言葉に押し付ける可能性があるにもかかわらず、文法の規則に従って言葉が分析され整理されているとわかれば〈すべての〉人間というものはそれを〈安易に〉黙認してしまうように、同じ〈解析〉理由から、預言の各部分がふさわしい個所に位置づけられ、またそれらの文字が目的に合わせて預言の中に刻まれていることがわかった時には、人はこれらの預言のそうした解釈に黙って従うべきなのである。

職工にとって機械装置をそれ相応に調整できる方法が一つ以上あることも、また文章が曖昧になりうることがあるのも事実である。しかし、こうした難点は黙示録の中には起こり得ない。なぜなら、曖昧さを残すことなく黙示録に表現を与える方法をごぞんじだった神は、それを信仰の規則とするつもりでいたからである。

しかし、私がそこでつぶさに証明した理由は、十分な注意を払ってそれらを熟読し、心から聖書を信じる、謙虚で偏見のない人物であれば同意に変わらざるを得なくなるような証拠となっているのであるから、この一般的な理由付けをもって、私が行なった解析をごり押しすることは無用である。それに私は、ほかの人たちがこれから行なう研究を妨害するために、この解析を理解してほしいとも思わない。今なお発見できる神秘があることを、私は怪しんでいる。また、ミード氏が基礎を築き、私もその上に構築してきたように、その仕事が完了するまで、ほかの人々がさらに高みを目指して研究を続けてくれることを私は期待しているのである。

黙示録を解釈するための規則

一二。黙示録の解析がいったん確定された後は、それは（一六表）解釈の規則とされねばならない。またすべての解釈はそれと調和しないものを退けた。そのことは歴史に合うように曲げてはならず、そのことに最もかなうような事柄を歴史から選び出さなければならないのである。

一三。預言が生かされている時代の最も顕著な事実や動向について語った神聖な預言を解釈すること。というのも、曖昧な出来事を書いていると重大事を漏らしてしまうのが歴史家の弱点だとすれば、ましてや来るべき事柄の歴史〈預言〉にほかならない聖なる預言においてはこの弱点が前提されているはずだからだ。

一四。預言の最も顕著な部分と歴史の最も顕著な部分を調和させ、また一連の預言において生じた中断部分と歴史において生じた変化を調和させること。また、預言の各部分や〈その〉中断部分が各部分や歴史における変化とそれ相当にバランスを保っていない場合には、こうした解釈を退けること。何となれば、もし歴史家が自分の書いた歴史を、大して重要ではない変革、少しは大きな変革、きわめて重大な変革など、それぞれの変革が始まった時期または終わった時期を時代区分として、節や章や巻に分けるとすれば、別の分け方は好ましくないことになろう。まして、聖霊が預言的に口授したことに含まれる規則が来るべき事柄の歴史にほかならぬが故に、聖霊がそれらを厳格に語っているものとわれわれが前提するのは当然だからである。かくして、第六の封印と第七の封印の間に印を押された聖者たちに関するヴィジョンを挟み〔黙示七・四―八〕、第六のラッパと第七のラッパの間に小さな本〔同一〇・九〕に関するヴィジョンを挟んだために生じた大きな中断があることによって、かの預言は三つの主要な部分に分かたれるが、真ん中の部分は第四のラッパと第五のラッパの間に天使が上げる嘆きの声〔同八・一三〕を挟んだために生じた小さな中断によってさらに分かれており、そしてそのほかの封印とラッパはすべて言わば小段落になっているのである。したがって、こうした中断部分や段落には、規則によって、歴史の一定の周期を断切り区切る時間の間隔が適用されなければならないのである。また一方で、大きな事柄以上に小さな事柄を誇張したり、あるいはまた勇気ある行為を二人の人物のうち弱々しい方の人間がやったことにするなど、もし歴史家がその叙述においてバランスを欠いてしまうならば、われわれは〔一七表〕それを歴史家の未熟な議論の一つとみなすべきであろう。それ故にまた、聖霊の口授したことは来るべき事柄の歴史なのであるから、そのようなアンバランスはその歴史には許されるはずもないのだ。そうすると、ダニエルが見た四匹の獣のヴィジョンについて、後の何人かの〈人たち〉政治家たちが行なったように、それは四匹の獣の中で最も怖くて、恐ろしく、強くて、また戦争好きの獣だと書かれていること、また預言者はその王国の方をそのほかの王国全部を足した長さよりも長々と述べていることをもって、四番目の獣をアンティオコス・エピパネスとその後継者たちだと解釈するのはまったく不合理なことであろう。実のところ、アンティオコス・エピパネス〔顕神王、シリアのギリシャ系王〕とその後継者たちの王国は彼以前の三人の王〔アンティオコス一世―三世〕による王国のどれよりも小さくて弱かったし戦争好きでもなかったのである。

一五。歪曲することなく教会を最大限に尊重し、教会をその真理によって保護するために神の偉大なる知恵と摂理を説く、これらの解釈を選ぶこと。賢明なる政治家の〈活動や〉書簡や活動から指針となる助言とそれらが推し進める構想を知るために、それらを解釈しようとする者は、それらが目指す主目的をよく考えてみなければならないし、彼らの解釈がその目的に大きく貢献するものとなり、それらを秩序づける政治家の偉大なる知恵と摂理を論ずるものとなることを想定しておかなければならないが、預言においてもそれは同じことなのである。それらは神の助言なのであり、だからこそそれは最も賢明なものであり、それらを構想した目的にふさわしいものなのである。また、教会を教導し真理において〈教会を〉保護するという、その目的は教会の利益でもある。何となれば、預言のことを考えてみようという者ならば容易に気付くことだろうが、旧約においても新約においても神聖なる預言はすべて、この目的に向けられているからである。ここから数人の解釈者に見落としが生じることがあり、その解釈者の解釈によって、もし彼らが正しければ、黙示録は教会〈にとって利益〉と関係がほとんどないものか、あるいはまったく関係ないものとなるであろう(2)。

然るに、私が言いたいのは、これらの預言が世の中全体を真理に目覚めさせる〈ことで〉ためのものであった、ということではない。というのは、神は慈悲深くもあるが正しい方でもあって、邪悪な者には非情となり(一八表)父祖の罪を子孫に科すことによって、邪悪な行為を罰せられる。しかし、預言のもくろみは人間を試みて最善の者を回心させることにあり、それがうまく行けば教会はより純粋なものとなって、偽善者や不熱心な輩と付き合うこともなくなるかもしれない。また、預言が曖昧さの中に覆い隠されているのはこの目的のためであって、また浅はかなる者、誇り高き者、うぬぼれの強い者、でしゃばる者、浅知恵の者、懐疑的な者など、その欲望や利害や世の中の趨勢や人々の彼ら〈の意見〉

に対する評価や物事の見かけやその他の先入見によってその判断を支配されている彼らは、また預言が自然の要素をどんなに孕んでいても、創造の見事さの中に神の知恵を見究《きわ》めることができない彼らはみな、その心が見ることにおいてかくも頑《かたく》なな人々は見るには見ても気付かないし、聞くには聞いても理解しない〔マタイ一三・一三以下など参照〕、と、そのように神の知恵によって表現されたのである。何となれば、神はこれらの預言において、賢者が理解するのはもちろんとしても、邪悪な者は誰一人として理解しない、とする自らの意図を宣告されているからだ、ダニエル一二〔・一〇〕。

以上のことから、私はこの機会にある種の〈人々〉人間の盲目ぶりを責めるほかないのであるが、律法学者やパリサイ人がその〈宗教〉伝承に対する根拠を持っていたのに比べて、自分たちの信仰を支える望ましい根拠もそのほかの根拠も持っていないにもかかわらず、頑迷な彼らはほかの人たちに対して聖書における信仰の確かさを証明してみせるよう——その者が、たとえどんなに底意地が悪くても、少なくともその証明を読む気にはなっている一介の自然人ならば、ユークリッドの証明を明晰かつ確実に判断し理解できるように、信仰の確かさも同じように判断したいし、その強みも理解したいのだ——迫るのである。これらの人々は、法則や預言に関心はないものの、キリストのしるしは要求する律法学者やパリサイ人のようなものなのだろうか。またその故に、もしキリストが、神ご自身の民であるにもかかわらず、あの邪悪で不純な世の人々に対しては、カトリック教会で〈さえ〉あろうとも、しるしを拒むのが正しいのだと考えられたのだとすれば、ましてやこの世代の人々が（一九表）自らの罪——彼らは律法学者のように、法則や預言を軽んじるだけではなく、踏みにじりもしたし、あらゆる手段を講じて人々の預言などに対する信仰心を破壊し、またそれらを無視しようとしている——のために死ぬのが許されるべきなのは正しいことと神が考えられてもおかしくはない。宗教の真理が数学的証明と同じくらい全員にとって明確で明快であるべきだと彼らは言うが、それが神の意図にどれほど反することなのか、よく考えてみるよう私は望みたい。神が選ばれた預言に従う気になりさえすれば、それで十分なのである。ほかの懐疑的な人たちからすれば、自らの罪のために死ぬのが許されるべきなのは正しいことである。とすれば、神が善と悪を見究められるよう聖書を練り上げられたことも、聖書がある人にとっては証明となり、ほかの人にとっては愚書となるようにされたことも、神の知恵なのである。

　そして、このような考え方から、教会の壮麗さを重視して、教会をその外面的な形や構造で測ろうとする、そんな人々の虚栄心も生まれてくるのかもしれない。その一方で、〈神は〉神の構想からすると、人々を試みるのに彼〔神〕の教会がこの世にとって軽蔑の対象となり恥ずべき存在となっていることは、さらに好ましいことである。この目的のために疑いもなく神は律法の下にあるユダヤ教会の度重なる裏切りにも耐えられたし、また同じ目的のために重大な背信行為も福音の下に起こることになった。黙《（ママ）》。もし汝が教会の外面的な形や、学者の学識、政治家やほかの教養ある人々の知恵に頼っているならば、汝が当時生きていたとして、律法学者やパリサイ人を信奉していなかったか、己について考えてみよ、またもし信奉している可能性があるならば、彼らと同罪であって、汝が正しい側にでもいない限り、神はそれ相応に汝を裁かれるかもしれないし、そしてそのことが、ひょっとすると、実際とは違うことを立証するかもしれないが、しかし、その愚行を少しは軽減するかもしれないけれども、汝の愚行は帳消しになることは〈ない〉あるまい。

「〈来るべき世界、〉審判の日と来るべき世界について。」

この断片ヤフダ手稿六、第一二葉表―一九葉表は、「年代別預言解釈三部集」〔サザビー・カタログ品番二四四〕の一部である。ニュートンによる旧約預言書やヨハネ黙示録からの引用は、おおむね、欽定版〔キング・ジェームズ版〕と一致しているが、彼の引用が常に厳密なわけではない。括弧でくくられた語句はニュートンによる挿入で脚注的なものであるが、手稿原本では欄外注として現われる。

（一二表）かくして、あらゆる物がこのように復活するという秘蹟は、すべての預言書において見られるはずである。然るに、今日のほとんどのキリスト教徒がその中のかかる秘蹟に気付かないのは、私にとってはきわめて不思議なのである。というのも、彼らも理解はしているのだが、ユダヤ人が捕囚から最終的に帰還することや彼らが四王朝の民族に勝利することや〈泰平の〉公正で繁栄した王国を審判の日に建国することがこの秘蹟に当たると思っていないからだ。彼らが秘蹟を理解しているのであれば、イザヤ書の最終章〔第六六章〕――この中で預言者〔イザヤ〕は、邪悪な民族の滅亡とともに、〈あらゆる苦難〉悲しみとあらゆる困難の終焉とともに、ユダヤ人の捕囚からの帰還と栄えつづく王国の彼らによる建設とともに、義人の骨を青草のごとく復活させるとともに、そして絶えず蛆《うじ》に取りつかれ、消えることなき火に焼かれている主に対して背いた者らの審判とともに、新しい天と新しい地のことを語るのだ――のように最後の時について書き残している、昔のすべての預言者においてもそれを見出すであろう。また、エレミヤ三〇章と三一章、エゼキエル三七章と三八章、ホセア三章、ヨエル二章と三章、アモス九章、オバデヤ、ミカ三章と七章、ナホム一章、ゼファニヤ三章、ハガイ二章、ゼカリヤ一二章と一四章、マラキ四章、申命記三〇章、詩篇二、その他の個所も同様である。この共時的描写《シンクロニスム》を裏付けるために語っておくべきことはすでに十分に語ったから、それらの個所を引用するのは控えることにする。だがしかし、いくつかの先入見のためにこの共時的描写はなかなか信じてもらえないのだが、こうした先入見を払拭するために、私は一緒に比較してみたすべての預言者の中から以下の預言者たちを選んで詳しく考察する。

まず、大地には審判の日以降も死すべき運命の者たち〔人間〕が住み続けるであろうこと、しかもそれは千年間のことに止《とど》まらず、永久に続けられることなのである。というのも、七番目のラッパが鳴り響いた時、この世の王国はわが主と主の子キリストの王国となり、彼はいつまでも永久に支配することになるからである。黙示録一一。〔二〕人の子のような者は天の雲とともにやって来た、――そして、彼には支配権と栄光と王国が与えられ、その国ではさまざまな言語を話す、さまざまな民族の、あらゆる人々が彼のために仕えるであろう。彼の支配権は消滅することのない永久的な支配権であり、彼の王国は滅びることのない国なのである。ダニエル七・一四、二七。これらの王の時代に、天上の神は決して滅びることのない王国を築かれ、その王国はほかの人々に委ねられることはなく、これらの王国をすべて崩壊させ破壊し尽くし、そしてその国は永遠に存続するであろう。ダニエル二〔三〕・四四。主なる神はキリストに父ダヴィデの王座を与えられ、永遠にヤコブの家を支配し、彼の王国には終わりというものが決してないであろう。ルカ一・三三。キリストの祭政《まつりごと》と平和が増し加わることに決して終わりはなく、ダヴィデの王座にあってその王国を治め、この時より永遠に、思慮と正義をもってそれを定め建てる。イザヤ九・七。〔三〕私〔神〕はイスラエルの子らを彼らが行った国々の中から連れ出し、至る所で彼らを集め、彼らを彼ら自身の土地に連れて行くことにしよう〔エゼキエル三七・二一〕――そして、私がわが僕《しもべ》ヤコブに与え、あなた方の父祖が住んできた土地に彼らは住み、そこには彼らとその子らとその子の子ら〔孫〕が永遠に住み、そしてわが僕《しもべ》ダヴィデが永遠に彼らの王となるであろう。さらに、私は彼らと平和の契約を結ぶであろう。それは彼らと結んだ永遠の契約となろう。また私は彼らを定住させ彼らの数を増やし、わが（一三表）聖所を永遠に彼らの真ん中に置くことにしよう。わが幕屋もまた彼らとともにあるであろう。また私は彼らの神となり、彼らはわが民となろう。そして異邦人たちは、わが聖所が永遠に彼らの真ん中に置かれる時、主たる私がイスラエルを聖別することを知るであろう。エゼキエル三八章〔四〕。次のように主は言われる。主は太陽を昼の光として与えられ、夜の光として〈月の〉定めを月と星々に与えられる、――もしこうした定めが私の前から消えるならばと主は言われる、するとイスラエルの子孫もまた私の前では永遠に民ではなくなるであろうエレミア三一・三五、三六。彼らが新しいエルサレムに諸民族の栄光と誉れをもたらすと述べている黙示録〔五〕では、彼らが一千年の期間が経つまではもはや竜〔悪魔〕に惑わされることのない民であり、千年が経ってしまうとふたたび竜に欺かれ、最愛の町〔エルサレム〕を取り囲んだものの王座から出た火によって、すなわち戦争によって焼き尽くされる民であること〔六〕から、これらの民は確かに死すべき運命にある者なのである。かくして最愛の町にではなく、反逆したこれらの諸民族には終わりがある。彼らの支配はこれらの民族の勝利によって強まり、またおそらく拡大もするであろうが、その終わりのことはどこにも書かれておらず、反対に彼らは永遠に統治するであろう、と述べられている黙示二二・五。またこの町の住民は死者から蘇った聖者ではなく、彼らが治めるこれらの諸民族と同様に死すべき運命にある人間の類であることは、新しい天と新しい地と新しいエルサレムに関するイザヤの記述〔七〕から明白である。何となればこのエルサレムについてイザヤが、泣く声はもはやその中では聞かれず叫ぶ声も聞かれないであろうと語っているからである。その時から寿命の幼児や寿命に満たぬ老人はもはやいなくなるであろう。この子は百歳で死ぬが百歳の罪人は呪われることになり、また彼らは家を建ててそこに住みぶどう畑を作ってその実を食べることになるからである云々、イザヤ六五・一九、二〇、二一。この町のこれらの死すべき運命の住人たちは、預言者が後に〈語るにはあなた方は〉捕囚から帰還したユダヤの民族であると書いており、彼らについて神が造られる新しい天や新しい地が神の前にあり続けるように彼らの子孫も続いていくと語っている。両者は永遠に続くと言わんばかりに。また、これが審判の日より後のことであるとイザヤはあなた方に請け合って、彼らが出ていくと罪を犯した人々の屍《しかばね》を見るであろうと付け加える。というのも、彼らに取り付いた蛆は死なず、彼らを焼く火も消えることがないからであり、そして彼らは生きとし生ける者に忌み嫌われる存在となるからである。〔イザヤ六六・二四〕この新しいエルサレムの在り様は、イザヤ六〇章に詳しく描写されており、エルサレムがいかにして捕囚から集められた死すべき運命にある者たちの都となり、諸民族を支配下に置き、永遠に続いていくのか、またいかにすれば（黙示録〔二一・二三以下〕にあるように）異邦人たちがエルサレムの光の下にやって来て王たちがエルサレムから立ち昇る明かりの下にやって来ると、その門はずっと開いており〈人々は彼らは導いていく〉それらの門を通って諸国の富者たちがエルサレムに行けるのか、そして太陽がもはや昼に輝くエルサレムの光でも月でもなく、主こそがエルサレムの輝き続ける光となるのか、あなた方は見ることができよう。そうしてまたイザヤ五四章において同じ在り様が次のように書かれている。汝の子孫は［捕囚から帰還して］諸国を受け継ぎ荒廃した町々を住めるようにするであろう。――というのも汝を造った者は汝の夫（万軍の主がその名である）であって、［捕囚から］救われる者でイスラエルの聖者、全地の神と彼は称されるからであろう。棄てられて心悲しむ女のように、また汝が出された時にまだ若い妻のように、主は汝を呼ばれた、と汝の神は言われるからである。少しの間私は汝を［捕囚の間］棄てたが、大いなる哀れみをもって私は汝を［諸民族の中から］集めるであろう。少し憤って私は汝からしばらくの間顔を隠したが、いつまでも続く慈しみをもって私は汝に哀れみを持つであろう、と汝を贖われる者たる主は言われる。というのも、これは私にはノアの洪水のようなものだからである。またノアの洪水を二度と大地に溢れさせないと私が誓ったように、私は二度と汝を怒りもしないし汝をなじりもしないと誓ったからである。山が消え去り丘が移っても、私の慈しみは汝から無くなりもせず、私の平和の契約も移されはしない、と汝に哀れみを抱かれる主は言われる。おお、苦しみに苛《さいな》まれ、嵐に翻弄され［汝の捕囚の間］慰めを与えられなかった汝よ、見よ、私は紅玉で汝の壁を築き、サファイアで汝の基を置き、私は碧玉で汝の窓と彫刻した宝石で汝の門と美しき石ですべての城壁を造る［日々が来ることを］。また汝のすべての子供たちは主による教えを受け、汝の子供たちの平和は大いなるものとなろう。義において汝は不動とされる。汝は恐れることがないから迫害から遠ざかっており、恐怖が汝に近寄らないから恐怖からも遠ざかっているであろう。見よ、彼らはきっと［ゴグとマゴグの戦いにおいて］集結するであろうが〔八〕、それはしかし私によるのではない。たとえ汝に逆らって集う者がいようとも、汝のために倒れるであろう。見よ、石炭を火にくべて吹き、自らの仕事として道具を作る鍛冶屋を私は創造し、また破壊するために荒らす者も私は創造した。汝に逆らい作り出される武器はうまくいかないであろうし、汝に逆らって訴えを起こす舌はすべて汝が斥けるであろう。これは主の僕《しもべ》が受け継ぐ財産である。〔イザヤ五四・三、五―一七前半〕この預言を私〔ニュートン〕は長々と書き留《と》めたが、それは新しいエルサレムのそれと類比するためであった。というのも、ここでこれらの人々を主の妻と呼びエルサレムを宝石によって築かれ諸民族が住む聖なる平和の都として描くことによって、あなたは彼女が新しいエルサレム、すなわち小羊の妻であることを知るだろう。彼女が捕囚から帰還し、荒れ果てた町々に住み、諸民族を受け継ぐことから、また彼らがかの鍛冶屋が作った武器を使って彼女に戦争を仕掛けることから、あなたは彼女が死すべき運命にある人間たちの都であることを知るであろう。ある都は文字通りの意味ではなく、秘儀的にユダヤ人民族全体のためにその都に聖者や使徒である宝石や柱や土台を置いたのである。そして、旧世界と同じように彼女を決してなじることはない、という神の誓いから、あなたは彼女が永久であることを知るであろう。神が言われるには、山は消え去り丘は移るであろうが、神の慈しみは彼女から無くなることもなく彼の平和の契約（一五表）も移されないであろう、と。それによって神ご自身の子の永遠性が声高に主張されるのと同じ類の表現であるヘブル一・一一。彼女は一千年《ミレニウム》をもって終わるどころか、その捕囚の時代（すでに千年以上も続いていた）はそれに続くべき繁栄した治世の時代と比べられ、ここでは永遠に対してほんの一瞬のごとく表わされる。神が言われるには、少し憤って私は汝からしばらくの間顔を隠したが、いつまでも続く慈しみをもって私は汝に哀れみを持つであろう、と。時間がひどく破綻してこの王国は一千年よりも長く存在するために、その後のその終焉はどこにも預言されていない。われわれはエレミヤとともに、その王国は太陽や月や星々の宿命と同じだけ存続すること、ダニエルやヨハネやそのほかの預言者とともに、その王国はいついつまでも立っていること、ルカとともに、その王国には終わりがないことなどを結論してよいだろう。これは、アブラハムの子孫は永遠にカナンの地を受け継ぐであろう、という神とアブラハムとの契約であり、この〈約束〉契約の上にユダヤ教は、キリスト教がそれの上に基礎づけられているのと同様に、基礎づけがなされている。したがってまた、この点はその王国がキリスト教徒の名を自負する者なら誰でも考慮し理解しておくべき、きわめて重大なことなのである。

次に私は、この世の終わりにキリストが生者と死者を裁くためにやって来る時、その時裁かれる生者がこの王国の人々――ユダヤ人も異邦人も両方とも――であることを預言者たちを引いて考察したいと思う。さてイザヤは次のように最後の日を描写している。神が言われるには、その日、主の枝は美しく栄え、大地の果実は逃げおおせたイスラエルの人々にとってすばらしく端正な形をしたものとなろう。また、シオンにとどまる者やエルサレムに残る者、すなわちエルサレムにある**生命**〔の書〕**に lhym**〔ラハユーイム〕**書き加えられて**〔九〕いるすべての者たちこそが、聖なる者と呼ばれることになるであろうが、そしてその時主は**審判**の霊と**火炎**の霊とによってシオンの娘たちのうち五番目の者を洗い清められ、エルサレムの血をその中から除かれたであろう（イザヤ四・二、三、四。）すなわち捕囚を逃れたすべての者であり、神は不正を行なう者をすべてその王国から集めるために自分の天使を遣わされてマタイ一三・四一、彼らをその審判において（〈炉の中の黄金〉水に浸した白い布や炉の中の黄金のように）汚れや殺しやあらゆる不正から〈除いた〉洗われ清められたその時（イザヤ一・二五。マラキ三・二、三）、彼らの名前は裁きにおいて開かれていた生命《いのち》の書の中に書かれているのだが、彼らは聖なる者と呼ばれることになろう。それから生命《いのち》の書は天の聖者の名前のみならず、捕囚を逃れて来た彼らの名前も含んでいる。かかる目的のためダニエルもわれわれに告げているダニエルはわれわれに、〈……の終わりに〉大きな苦難（それからシュロの枝を持った大勢の人々が逃れてくる）にあってミカエルがユダヤの人々の上に立つ〈ミカエル〉偉大な王を立てること、また彼らユダヤ人が書物に書き記されるのと同じ数だけの者たちを産むことを告げ、それと同時に地下に眠る多くの者たちのある者は永遠の命《いのち》にある者は恥や永遠の恥辱に目覚めることを告げている。ここに〈両者の裁きがある〉ミカエルはユダヤの王を彼が再臨した時に審判において立て、そして生者も死者も裁く。ここに挙げられている書物——そこには捕囚されたユダヤ人が産まれて来る者もすべて書き記される——は、黙示録のあちこちを比較してみればわかるように、審判の今こそ開かれる生命《いのち》の書なのである。黙示録が言うには、汚れた者とか忌むべきことや偽りを行なう者とかを〔二〇〕「新しいエルサレム」には決して入れないのであり、小羊の生命《いのち》の書に書かれている者だけである、黙示二一・二七。この書物は以前に一般の裁きにおいて開かれたが、それに書き記された死者はみな火の池に投げ込まれた黙示二〇・一五。ここには審判の同じ日に生ける者もそれに従って裁かれ〔黙示二〇・一二〕、その名前がそこに書き記されている者だけが新しいエルサレムに入ることが認められる。そのことから生ける者も（ユダヤ人も異邦人も）死者と同様に救われると今や言われることになる。**救われる**彼ら諸民族はその光の中を歩き、地の王たちはその中に彼らの栄光と栄誉を持ってくるであろう。黙示二一・二四。（一五裏）これらの者たちはあらゆる民族と人々と言葉のうちから無数のシュロの枝を持った大勢の人々であり〔黙示七・九〕、彼らは大いなる苦難の終わりにその目からことごとく涙をぬぐって〔黙示七・一七〕わが神と小羊に向かって**救い**を叫んだ者たちである。〔黙示七・一〇〕これらの者たちに小羊はいのちの木を食べさせ生ける水の泉に導いたが、それは彼がいのちを彼らに与える一方で彼ら以外の者たちには死刑を申し渡す〔〔黙示録七章〕一七節〕と彼らは小羊に救いを叫ぶ〔黙示七・一〇〕、ということなのである。同じ言葉で昔の預言者たちも書いている。〈私は会衆を救い、彼らはもはや餌食とはならず、私は牛と牛との間を裁くであろう〉〔エゼキエル三四・二二〕私はわが羊を捜し出し彼らが散ったすべての場所から彼らを救い出し〔エゼキエル三四・一二後半〕彼ら自身の地に連れて行きイスラエルの山の上で彼らを養うであろう〔エゼキエル三四・一三後半〕——そして牛と牛との間を雄羊と雄山羊との間を裁く。——私は会衆を救い、彼らはもはや餌食とはならず、私は彼らの上に一人の牧者を立て、彼は彼らを養うであろう正にわが僕《しもべ》ダヴィデである。エゼキエル三四・一二、一三、一七、二二、二三。（一六表）彼らは恥を負って辱めを受けるであろう、偶像を作る者はみな、彼らはともに混乱に陥るであろう。しかし、イスラエルは主において、**永遠の救済**を得て、**救われる**であろう。汝はいつまでも恥じることもなく狼狽することもない世となろう。天を創造された主、それを虚しく創造されはしなかった、それが住めるように大地を造られた神ご自身は次のように言われる。——諸民族から救われた汝よ†、集え、来たれ、ともに近寄れ。彼

† 七十人訳〔*οἱ σῳζόμενοι*〕、ラテン語訳〔*salvati estis*〕、およびカルデア語訳の解釈に従う。

らは偶像の木を立て、助けることのできない神に祈るがごとき知識のない者なのである、と。イザヤ四五・〔二六、〕十七〔、一八〕、二〇。私は彼らから救われた〔二〕人々を諸民族の所に遣わすであろう、云々、イザヤ六六〔・一九〕。われわれは神を待ち望んでいたが、彼はわれわれを救うであろう、イザヤ二五・九。聖書の中のこれらの個所や同様の個所における救いは〈全能の神の偉大な日の戦いにおける敵の手からも火の池からも〉現世の苦難や死からも来世の苦難や死からも死すべき運命にある者〔人間〕たちを最後の日に救うものである。キリストが死者を裁くためにやって来る時、諸民族を彼の両刃の剣で殺し、また鉄の杖でもって、陶器が粉々になるように、彼らを治めるためにも彼はやって来る、黙示一九・一五および二・二七。また、その時彼〔人の子〕は使いを遣わし、彼らはその王国から躓かせる者と不正をなす者をすべて集め、彼らを火の炉に投げ込むであろう。マタイ一三・四一。それ以外の王国の人々は救われる国々の者たちである。キリストが地上に鉄の杖をもって今や支配をし始める王国を手に入れるが故に、彼らもそこに生き続ける死すべき運命の者たちであり、また邪悪な者を集めることができるとすればこの王国からだけなのである。したがってキリストが〈死者と蘇った者たちの世界を〉死者を裁くためにやって来る時〈生ける者も裁かれる〉彼が生ける者も裁くところを、また生命《いのち》の書に書き記された数と同じだけの者たちが終身刑を宣告され、主とともにあって天に上げられるか下界の地ではキリストが鉄の杖をもってその時から治める死すべき運命の者たちの王国に留め置かれるかすることによって救われ、そしてそれ以外の者は死刑を宣告され火の池に投げ入れられるところを思い描いてみよ。第一テサロニケ四・一六。マタイ二四・三一。〈また、これを私は大いなる都《みやこ》が三つに分裂することと取るが〈黙示一六〔・一九〕、審判は〉このようにキリストは自らの再臨とその王国において生者も死者も裁くのであり〔第二テモテ四・一。〕そしてそれは信仰の箇条であるから十分に〈考慮〉理解されるべきである。

この審判に伴って世界が大火に襲われる、というのが大方の意見である。また、未来の世界では狼が小羊と一緒に横たわり、あらゆる動物がおとなしくて襲うこともなくなり、大地は河でもっと満たされ、もっと実り豊かになり、太陽や月の光はもっと輝きを増し、王の都がまるで透明なガラスのような宝石や黄金から成っている〔黙示二一・二二〕、といったことを聞いて、その大火の後に自然の枠組み全体の変革が起こるだろうと、ある者は〔一七表〕考えていた。しかし、これらの空想は、預言者たちが彼ら自身の神秘的な言葉で書いたことを、猥雑な意味や文字通りの意味に理解したことから生じたのである。彼らの言葉では世界が大火に包まれるのは、モーセの書に見られるように、戦争により王国が滅亡することを意味しているが、〔モーセは〕そこでイスラエルの荒廃ぶりを次のように描写している。私は〈〔汝は〕語る〉愚かな民族をもって彼らを怒らせるであろう。火はわが怒りのうちに燃え上がり、深い冥府に至るまで燃え広がり、大地をその産物とともに焼き尽くし、山々の礎に火を点けるであろう。私は彼らの上に災いを積むであろう。私はわが矢を彼らに向かって尽きるまで射るであろう。彼らは飢えながら焼かれ、燃えるような熱と非情の破壊行為に滅びるであろう申命三二・〔二一後半—二二―二四前半〕。しかし、〈この世の終わり〉審判の日に火の池には政治世界を襲う文字通りの大火もあり、その中に投げ込まれる人々にとっては天と地などの自然世界を襲う大火もあり、その中で人々は燃えていき、諸元素は猛烈な熱で溶けていくのである。また、使徒ペテロがわれわれに教えるところでは、邪悪な者以外に誰もこの大火〈によって〉において罰せられず、そしてこれは敬虔な信者にとって回復の時である限りは〔第二ペテロ二・九参照〕、住める世界の一部の者たちがこれに悩まされることはあり得ても、それがこの〈住める世界〉地球の多くの者たちを襲う大火だとは私には考えられない。もし自然世界が燃え尽きることがないとすれば、燦然たる太陽と月、新世界の多数の河や豊富な野菜がその王と人民であり、おとなしくて襲うことのない獣がその平和な王国であり、また新しいエルサレムがキリストをその隅《すみ》のかしら石とするシオンのあの〈神秘的な〉霊的な建物となり、〈十二の門が古くは門の中でキリストを裁くために使った部族の長たちのことであり、〉そのほかの石や黄金は聖者のことであり第一ペテロ二・四、五、六。特に四節、また金が滓《かす》から精錬されるように純金の都や通り〔黙示二一・一八〕が邪悪なものから浄化された聖なる人々でありイザヤ一・二五、マラキ三・二[a]〔黙示二一・二一〕、十二の土台〔二一・一四〕が〈そこにその名が記されている〉十二人の使徒であ〈り、そのほかの宝石や金がそのほかの住民たちのことであ〉る〔黙示二一・一二〕、などと彼らが想定しているような革新があるとする根拠はまったくない。〈それは……立方体の形〔二二〕に表わされており〉また[b]十二の門は部族の長たちを表わす。使徒と部族の名前はそれらの上に書かれているのだ。門は、長たちがその中で裁いたことから、長たちのために置かれ、またこれらの門〈ペテロ二・四、五、六、聖なる人々である金は邪悪なものから精錬されイザヤ一・二五、〉や土台は彼ら王や王の子《プリンス》を象徴している真珠や宝石で出来ている。偉大で有用な人々は高価で貴重な装飾によって知られるのだ。金が不純な金属から精錬されるように純金の都や通りは邪悪なものから浄められた聖なる人々であるイザヤ一・二五。マラキ三・二。それは霊的な建物であることまた至聖の場所によって予表されたかの天上の都であることを暗示するために、それはその中に神の王座はあっても太陽も月も神殿もない立方体の形に表わされている。

至聖の場所は立方体であり、そこには神の王座があったのだ。〈その中には〉しかし〈それ以外にいかなる神殿もなく〉〈火や〉神殿の太陽と月である祭壇の炎や火ではなく、それには自然の太陽や月の光を入れるための窓もなかった。それはその中にいかなる神殿もなく、神殿そのもの、シュロを持つ多勢の人々がその庭で祈っているあの神殿であり、〈また彼らが〉（黙示七・一五）また〈その〉その庭の柱はすべての民族の聖者のことである（三章一二。）

もしあなたが地上のこの都とゴグとマゴグの戦いの様子を知りたければ、どちらもエゼキエル三八章と三九章によって叙述されているそれらを見ればよかろうし、〈また特に〉それらの章において彼は、ユダヤ人たちが捕囚から帰還した後家畜や金や銀や財産などが豊かに増えるまでイスラエルの山々の上に自らを守るための城壁がなく門も閂《かんぬき》もない町の中にあって安らかで静かに暮らしているのに、マゴグの地のゴグが彼らに対して戦利品を奪い取るためにペルシャやアラビアやアフリカやアジアの北方民族やヨーロッパといった四方八方の諸民族を扇動するが、神がその大軍をことごとく（一八表）壊滅させる、と述べ〔エゼキエル三八・一一―一二〕、諸民族がその時から〈諸民族〉ユダヤ人がかつてその罪のために捕囚の身となったが今はその帰還以降彼らの聖性によって無敵となったことを知るだろう、とも述べている。

われわれはこれまで新しいエルサレムが死すべき運命の者たち〔人間〕の都だと考えてきた。しかし、

---

a　イザヤ二八・一六を見よ。
b　イザヤ三・二六および六〇・一八を見よ。

キリストがこの町のすみの親石であり、彼が鉄の杖で諸民族を治め死者から蘇った聖者たちに彼らを支配する権威を与え（黙示二・二六）、彼らを地上を治める王となし（一章六および五・一〇）、彼らが食べられるように神の楽園の真ん中にいのちの木を与えその門をくぐって都に入れるようにし（二章七および二二・一四）、彼らの上にこの〈町〉新しいエルサレムの名前を書く（三章一二）一方で、この町はこの世の死すべきユダヤ人の一族でもあるが、復活のキリストであり子供たちでもあることを含意しているものと理解されなければならない。それは物質的な町を表わすのではなく、彼らが天上の聖者であるにせよ、彼らのこの世における死すべき運命の代理支配者であるにせよ、〈霊的な〉民族に対する支配権を有する人々の政体を表わしており、したがって使徒パウロはそのヘブライ人への手紙第一一章においてそれが天上の聖者のことと理解し、ガラテア四・二六ではそれを天上にあるエルサレムと呼んでいる。かくして、この町はほかの町ほど長くて広いだけでなく、地上から天に向かって高く聳えてもいるのである。かくしてまた、その四方の大きさは、エゼキエルが描く現世のエルサレムのそれに比べると、二倍になっているのである。以上のことを理解するためには、あなたはこの預言者〔エゼキエル〕が尺度はもちろん面積と体積についても書いたことを知っておくべきである。エゼキエルは、献納地――それは長さが二五〇〇〇クビト〔一クビト＝四四・三六センチメートル〕あり幅も同じだけあった――が二万五千掛《か》け二万五千となることをわれわれに語り、それを彼は四方形と呼んでいる〔エゼキエル四八・二〇〕。人間が用いた測り方によれば、かくてヨハネはこの町の城壁が一四四クビトあったとわれわれに語っている〔黙示録二一・一七参照〕が、それは縦が十二クビトであり幅が十二クビトであり、平方積では一四四クビトになるということである。さて彼はその少しの所でこの城壁が大きくて

（すなわち幅がある）高いことをわれわれに語ったが、今はその大きさによって〈それ〉その広さを与えている。エゼキエルは自分が描く神殿の壁の高さを六クビト幅を六クビトとし（エゼキエル四〇・五）、ヨハネは自分の描く壁を二倍の大きさとしたのだった。また、御使が〈ヨハネ福音書〉黙示録においてその壁の面積を測ったように、彼はその町の体積を測ったのであるが、ヨハネは彼が測り竿を使ってその町を測ると一万二千スタディオンあり、その長さも幅も高さも等しかったと述べている（黙示二一・一六）。最後の言葉は、一万二千スタディオンという尺度が三つすべての寸法に関係しており、また体積も同様であることを示している。以上より一二〇〇〇スタディオンの立方根〔二二・八九四〕が〈町の辺となり、この辺は四回繰り返されるが、その町の周囲は以下のようになるであろう。すなわち私の計算によれば周囲は九一と七分の四スタディオンあるいは概数にすると九十スタディオンとなるが、著者たちが教示するようにユダヤの尺度で換算すると四〇〇ユダヤ・クビトであるから、それは三万六千クビトとなる。この周囲の半分は一万八千クビトとなるが、それはエゼキエルの描く町の周囲の長さでもある。エゼキエル四八・三五〉すなわち二二と一千分の八九四スタディオンは九千百五十七クビトとなるが（著者たちが教示するようにユダヤの尺度に換算すると四〇〇ユダヤ・クビトである）、それはこの都の一辺であり、またこの辺の長さは、もしあなたが九〇〇〇クビトという概数を取るならば、エゼキエルの町の一辺の長さ――四五〇〇クビトにすぎなかった――の二倍に当たる。エゼキエル四八・一六、三二。諸王の時代における神殿の縦横《たてよこ》の大きさが士師時代の幕屋のそれより二倍あるように、王の中の王の時代における都のそれは諸王の時代の都のそれの二倍なのである。

　しかし、この二倍の大きさになった都は人間の中の聖者にとっても人間ならざる聖者にとっても（一九表）嗣業であるとは言え、われわれはキリストと復活の子供たちが〈死すべき運命にある者たち〉諸民族を人間の王のやり方で治めたり、死すべき運命にある者たちが互いに交わるように死すべき運命にある者たちと交わるなどと想像すべきではない。しかし、何回かにわたって彼が〈人間たち〉その弟子たちの前に姿を現わすのが適当だと思った〈時を〉数回を除いて、むしろキリストがその復活の後にしばらくの間地上では死すべき運命の者たち〔人間〕にはずっと見えなかったように、どんなに意外な時であろうと現われるのに適当だと彼らが考える時を除いて、彼が再臨すると彼と復活の子供たちがそれとわからないように支配すると考えられてもおかしくはない。また、キリストがこの世のどこかに少し留まった後天に昇ったごとく、死者が復活した後思いのままにこの世を去〈ることもまた〉り、広い世界〔宇宙〕のどこででも彼らが住めるように、天のどこであろうと彼に付き随って行くことも彼らの力でできるであろう。キリストは再臨した時鉄の杖でもって諸民族を〈治め〉支配し、彼がすべての統治やすべての権威や権力を打ち滅ぼすまで治めねばならないし、彼がその足下にすべての敵を跪かせた時（その最後の敵が死であり、これらの国において打ち破られることになる）彼はその王国を父なる神に渡されるであろう、第一コリント一五・二四〔―二六〕、つまりキリストは王国から退かれ天国に去られるのだ。殉教者と預言者が生き返った時、すべての民族ゴグとマゴグが征服され、新しいエルサレムの支配が確立され、死者（一千年〈の終焉〉が終了するまで生き返ることのない人々）を眠りから呼び覚ますことで死が克服されるまで、彼らはここでキリストともに一千年にわたって治めるのであり、また至高の天国に去った時から以降と同じように絶えず彼らはこれらの国々にあって幸せを味わうことができるのである。

解説

一　予言者ニュートン？

二〇〇三年の春、イギリスのある有名な新聞社（デイリー・テレグラフ）から、ニュートンにかかわる一つの記事が発信され、世界的に少しばかり話題となった。日本でもＮＨＫが定時のニュースに取り上げるなどしたが、大きな波紋の広がりを見せたのは、何と言っても欧米のキリスト教関係者の間であった。

もともとこの記事はイギリスの放送局ＢＢＣ２が制作したドキュメンタリー番組「ニュートン――闇の異端者」の前宣伝的なものだったようであるが、それは「天才科学者ニュートンの予言によれば、世界の終末は今（二〇〇三年）から五十七年後の、二〇六〇年にやって来る」という内容だった。科学的な根拠があるにちがいない、と考える人がいたとしてもおかしくはなかった。巷《ちまた》に横行する怪しい占い師が言ったのではない、科学者中の科学者、大天才の予言なのだ。しかも、ドキュメンタリーや記事の基盤となった情報源も決していい加減なものではなく、スティーヴン・スノブレンというカナダ出身のニュートン研究者で、ニュートンが大量に残した手稿の発掘、整理、分析、研究を推し進めている研究グループ「ニュートン・プロジェクト」のメンバーの一人による報告である。ますます無視するわけにはいかないではないか。

天才科学者ニュートンのイメージとはほど遠い、その「予言者」の顔が、一般の新鮮な驚きをひき起こしたのである。

改めてニュートンの生涯を見てみると、大雑把に言って四つの時期に分けることができるであろう。彼が生まれる前に父親が死に、後に母親は別の男性と結婚してしまうなど、孤独だったと言われている幼少年期、ケンブリッジ大学に入学して貧乏学生ではあったが学問的に重要な基礎がためを行った青年期、万有引力の発見や微分積分の発見や反射望遠鏡の発明（ニュートンが学界で認められるきっかけとなったものだが、それは単なる発明家としての仕事ではなく、学問的には光学研究の成果の一つだった）などによって彼の天才が認められ始め、母校ケンブリッジの教授にも就任して学者としての活動を本格化した時期、そうした学問研究の集大成として『光学』や『プリンキピア』を執筆した学者としての絶頂期、ロイヤル・ソサイエティの会長となり英国科学界の重鎮として権勢をふるい続ける一方で、ケンブリッジ大学を去って造幣局長官に就任し行政手腕も発揮した時期、そして功なり名を遂げた時代は彼の死をもって終わるのである。

こうした彼の輝かしい人生のおおよそは、よく知られているものだ。それこそ、天才にふさわしい伝記である。

しかし、ニュートンには、彼自身が世間にひたすら秘匿しようとし、そしてその目論見《もくろみ》は成功して最近までほとんど知られることのなかった、陰に隠れた生活と活動があったのである。

すでに本書の著者マニュエルが序文の中で述べていることだが、二〇世紀に入ってニュートンが残した手稿の束のほとんどがオークションにかけられ、それらは有名な経済学者ケインズを含む何人かの収集家の手に落ちた。このオークションを機に、親族が保管していた櫃《はこ》の中に埋もれて長らく人々の前から消えていた手稿がふたたび姿を現わし、その内容についても明らかになってきた。例えば、今ではケインズ・コレクションとして知られる手稿を手に入れたケインズではあったが、自分の購入した手稿に目を通してみて愕然とした。目の前にあるニュートンの「実像」は、彼が理想的に描いていたものと大きく異なっていたのだ。彼がニュートンに求めていたのは近代科学の「祖」であった。にもかかわらず、実際に見えたものは「最後の魔術師」だったのである。

こうした見方は二〇世紀半ばの人々にもショッキングであった。天才科学者のイメージと大きくかけ離れていたからだ。しかし、その後の研究（例えばB・J・ドッブスなど）によって、それが誇張された評価ではないことが明らかにされ、次第にニュートンの知られざる錬金術師の顔も認知されるようになったのである。

だが、これもニュートンの全貌ではなかった。もう一つの顔があったのだ。マニュエルが初めて本格的に論じた「神学者」の顔である。

ニュートンが神学者であることを知る人は、その方面の専門家を除けば、そう多くはない。しかし、おそらく一八世紀までは、ニュートンが神学者であることに不思議はなかった。現代人の感覚からすると異様に思えるであろうが、どの分野の学者であれ、宗教的な（その実質はキリスト教の）問題に関心を示しており、また学位授与の条件に英国国教会における「三九ヵ条の信仰告白」への宣誓が要求されたような時代であるから、その深浅に違いはあれ、宗教に関心をもたざるを得なかった。むしろ、今日的な意味での「科学者」という観念すら、当時は存在しなかったのである。その死後とは言え、彼が丹精を込めていた神学書も公刊されているのだから、彼がひた隠しにした魔術師＝錬金術師の顔よりも、後世の人々からもっと注目されてもよかったはずなのだが、ともかくも神学者ニュートンは忘れ去られてしまった。

出版されたニュートンの神学論文も読まれることがなくなり、まして彼が遺した神学関係の手稿をわざわざ掘り起こす奇特な人も現われなかった。これらのほとんどは、かのオークションにおいてあるユダヤ人に買い取られ、現在ではエルサレムの図書館に「ヤフダ文書」として架蔵され散逸は免れたものの、長らく省みられることはなかったのである。

こうした状態にあったヤフダ手稿に大きな関心を寄せたのが、ロンドン大学インペリアル・カレッジに本拠を置く「ニュートン・プロジェクト」だった。一九九八年から始まったこのプロジェクトは、二〇〇一年にはニュートン手稿のオンライン・カタログを公表するに至った。また手稿の一部については、少しずつではあるがディジタル化も進んでいる。それらを見ると神学に関してニュートンが残した文書は、自然科学の分野や錬金術の分野をはるかにしのいでおり、一説には百三十万語に上るという。プロジェクトの第一期は二〇〇四年をもって終ったようであるが、この神学手稿の全貌が明らかになるのはいつのことか、だれにもわからないほど膨大なものなのだ。

そのような手稿を研究者が苦労して読み進めていたところ、問題の予言がみつかったというのである。ニュートンがなぜ二〇六〇年に世界の終わりが来ると予言したのか、「発見者」である当のスノブレンの話によると、こうである（Bible Network News 二〇〇三年三月二日版参照）。

ニュートンが予言の基礎資料としたのは、まず旧約聖書のダニエル一二章七節と新約聖書のヨハネ黙示録一一章三節、一二章六節、一三章五節の四つの聖句と紀元八百年という年である。まず、ダニエル一二章七節に「ひと時とふた時と半時」とあるのを、一二六〇時（＝日）のことだと解する。この一二六〇日を三十日で割ると「四十二ヵ月」となるが、それはヨハネ黙示録一三章五節にある通りだ。さらに四十二ヵ月を年に換算すると、三年半、すなわちヨハネ黙示録（一二章一四節）が言うように「一年、二年、また、半年」となるから、ダニエルの「時」は黙示録の「年」に等しい。かくして、一二六〇「時＝日」は一二六〇「年」となる。黙示録では（一一章二節など）、この一二六〇日は終末に先立つ期間とされているが、これに期間開始の年――スノブレンの話（にもとづく記事）によれば、教会の背教が始まった年だという――である八百年を足すと二〇六〇年になるのだ。つまり、一二六〇年後の終末に向って、紀元八百年にカウント・ダウンが開始されたというわけである。

世界をかけ巡ったこの「予言者ニュートン」の話題性は、ひとえに、ニュートンが大科学者、しかも「近代」科学の祖であるという、われわれの思い込みと、その大科学者による終末の明確な予言、つまり科学的根拠のある予言という、われわれの短絡によって支えられていたわけだが、それはまた、マニュエルの著書が発表されてからすでに三〇年が経とうというのに、未だにニュートンの全貌は理解されないままであることを如実に示してもいたのである。それも仕方のないことだ。なぜなら、マニュエル以降に、神学者ニュートンに関する研究が一般の目に触れるような形で発表されたことがないと言っても過言ではないからだ。ニュートン・プロジェクトのような、一部の学者による研究が「細々と」続けられているにすぎない。その意味でも、エルサレムの図書館でほとんど手付かずのままだったヤフダ文書を素材として三十年以上も前に着目したマニュエルの研究は、現在においてもなお貴重なのである。

二　マニュエルのニュートン論

本書は、ある意味で、マニュエルが一九六八年に出版した *A Portrait of Isaac Newton*（邦訳未刊）の続編である。第I章は特にその趣きが強いのだが、彼の新たな執筆目的は、まずは、本書一二頁にもあるようにヤフダ文書からニュートンの生涯における「宗教的感情の投影」を具体的に見出すことにあり、また二五頁や一二五頁にあるように、ニュートン独自の「神」論には、生まれる前に亡くなった父親との心理的葛藤、それが宗教的に昇華された神＝父の怒りへのおそれとなってニュートンを支配しつづけ、彼のあらゆる研究の根となり、それが天才の気質を形成したことの論証にあった。そうした神はニュートンの前に「パントクラトール」（万物の支配者）として立ち現れる。そして彼はこの支配者の前にひれ伏すのである。ニュートンには神が与えた「結果〔聖書と自然〕……を研究することができるだけ」

（三一頁）であって、神自身を論じることになる形而上学的神学論には批判的であった。

第Ⅱ章は「宗教と科学」という古典的な問題をめぐるニュートン当時の学界状況が語られており、マニュエルは神学めいた深遠な議論に踏み込んではいないものの、日本人の多くにとって未知の人物が次から次へと登場するために読みやすいとは言えないかもしれない。しかし、この章の結論は、意外にあっけない。ルネサンス期におけるいわゆる「自然科学」の高度化が、聖書と自然という「二つの書物」論を必要として、その頂点を築く、やがて近代科学の流れに掉さすことになったというのである。ニュートンは近代科学のように「二つの書物」のうち聖書を棄《す》てて自然だけを残さなかった。公的にはニュートン自然哲学の粋である『プリンキピア』という一書に見られるように、自然の探究を彼はきわめた。その一方で、私的《ひそか》にではあっても、聖書研究にも死ぬまでこだわった。二つの研究においてニュートンの内面が分裂しなかったのは、両者に共通する「単純性」の発見に導かれたからだ、とマニュエルは言う。この「単純性」は歴史的に見ても重要であった。例えば、初期の量子力学の建設者に向かって「神はサイコロを振らない」と言い放ったアインシュタインの美意識は、その直系であろう。近代に入ると、解析学という数学的方法と相俟って、「単純性」はその真価を発揮することになったのである。

初めの二章を前提に、第Ⅲ章と第Ⅳ章から本論に入る。

ヤフダ文書からの本格的な引用も第Ⅲ章から始まり、そしてマニュエルの議論も神学的となって読みにくさも倍増する。この章でマニュエルはほんの少し前置きをした後、ヤフダ手稿を主な手がかりとして、ニュートン神学における三位一体論を論じていく。三位一体論は、現在でも、カトリックはもちろんプロテスタント教会でもその典礼で用いる「使徒信条」（ニカエア信条）の中に生きているが、自然科学がアリストテレスの『自然学』的段階を凌駕し、正にニュートン自身が『プリンキピア』をもってその最先端にいた時、いまだに中世を引きずる教会信仰、とりわけ非合理な「三位一体論」はニュートンの内面において看過できぬ問題となり、彼の自然哲学にとっての試金石ともならざるを得なかったのである。三位一体論の非合理性（キリスト・イエスの本質理解における矛盾）を論難したアリウスと同様に、ユークリッド的合理性にどっぷり浸ったニュートンにとっても三位一体論は鵜呑みにできない教義だったはずである。

従来から、ニュートンを「（反三位一体論者という広い意味での）ユニテリアン」とみなす議論はあった。しかし、ケンブリッジ大学におけるニュートンの後継者ホィストンのようにユニテリアンであることを公言すれば、異端とされ社会的制裁を受けることになるだろう。何事にも用心深いニュートンが弟子と同じ轍を踏むことはなかった。ニュートンは自らの宗教的立場を秘匿しようとしたが、秘蔵されてきたヤフダ文書には、ニュートンの宗教論が率直に語られている。マニュエルはその中に分け入り、隠された神学者ニュートンの内面に肉薄しようとするのである。確かに、マニュエルによるこうしたヤフダ手稿研究は、「Yahuda 文書の神学的内容について何の理解も与えない」（『アイザック・ニュートン』邦訳第二巻「文献解題」五二六頁（原書八八三頁）参照）という批判が当たっている類のものなのかもしれないが、マニュエルにとっては、三位一体論をめぐるニュートンの議論そのものよりも、この教義をめぐるニュートンの葛藤を、あるいはニュートンのまわりの人間模様への関心が勝っていたのである。

マニュエルが描き出すニュートンは、ローマ・カトリックを目の仇にする。例えば、ニュートンは三一論と関わって、カトリック教会による聖句改竄にこだわり、それを攻撃する（七一頁参照）。本書は元々オクスフォード大学における講演であって、会場に集まっていたキリスト教徒の聴衆にとって常識と思われる聖書関連の知識については改まった解説がないことが多いのだが、この聖句改竄の問題にも特別に説明もなく話は進められている。しかし、キリスト教徒ではない読者がこの訳書を読まれていることを念頭に、またここにニュートン神学の実態を垣間見ることもできるようにも思われるから、この改竄において何が問題となっているのか説明をしておきたい。

改竄には二つあり、一つは「テモテ人への第一の手紙」三・一六に現れるのだが、この一節の冒頭にあるギリシャ語の関係代名詞について hos（男性主格）が正しいのか、異読の ho（中性主格）は後の改変なのか、という問題であり、前者を採るにしてもこの関係代名詞が意味するのは「神」なのか「キリスト」なのか、もし「神」ならばそれは三位一体を基礎づける聖句となる、とされるのである。西方系ギリシャ語写本や古ラテン語訳写本が採る ho ならば、この関係代名詞文は先行詞「信仰の奥義」の内容となるだろう（ローマ・カトリックの聖書、『ヴルガータ』はこれによる訳である）。東方系のシナイ写本には theos〔神〕を付加した修正さえ入り込んでいる。こうした変更は今日の聖書学によればカトリック的教義に合わせた本文の読みの改変であることを明らかにしているが、現代の新約学者が一般に利用するネストレ版ギリシャ語新約聖書の当該個所では本文に hos の方が採用されており、「神」か「キリスト」か明確ではないが、hos を「キリスト」の意味に解して、この一節を伝統的に「キリスト賛歌」と呼んできたのも事実である。ニュートンの批判は、文献学的には、三一論の文とするために theos

〔神〕を付加した写本に対するものなのであるが、もっと具体的には、ニュートン自身が親しんでいたにもかかわらず、この読みを採用した「欽定訳聖書」に向けられている。

もう一つの改竄も「ヨハネの文節（Comma Johanneum）」と称され、エラスムスがギリシャ語新約聖書の最初の校訂本を編集した時以来よく知られているものであり、「ヨハネの第一の手紙」五・七、八における挿入文の問題である。現行の聖書では「証しするものには三つあり、霊と水と血であるが、この三つのものは一つになる」と読める。多くのギリシャ語写本がこれを支持するので、ネストレもこうなっている。ニュートンも批判したように、クレメンス版『ヴルガータ』を初めとして、多くのギリシャ語写本もこの個所に「天において証しするものには三つあり、御父と言葉と聖霊であるが、これら三つのものは一つである。そして地において証しするものが三つあり、霊と水と血であるが、この三つのものは一つになる」という改変を加えているのである。これは、三、四世紀頃スペインあるいは北アフリカ辺りで行なわれたのではないかと、今日の聖書学者によって推測されている改変である。ニュートンは『ヴルガータ』の翻訳者ヒエロニュムスの三一論的創作であろうと考える。翻訳者による聖書の聖なる文への冒瀆だというのである。この改変を含むラテン語版としては、七、八世紀頃に作成されたヴェローナ写本が知られている。これについても、ニュートンが考えたほど単純ではなく、文献学的には今も結論が出ていないのが実情であろう。

このように、ニュートンが注目した改竄問題はいまだに困難な問題であり続けており、またニュートンの批判はカトリック攻撃を前提とする「為にする議論」の観もなきにしもあらずであるが、彼の手法は徹底して古典文献学的なのである。ここから垣間見られるように、彼の宗教論は感情論の域にとどまらないのであった。
第Ⅳ章は読者の多くにもっとも関心を持たれる内容かもしれない。すでに述べた「予言者ニュートン」は最近ふたたび世界的にニュースとなったが（ニュートンの「予言」手稿（本書の口絵、ヤフダ手稿七・三ｏ参照）がエルサレムの大学図書館のサイトで公開され、通信社によって今年の六月二一日にそれに関する報道もなされた）、マニュエルが三十年以上も前に着目していた問題であり、ニュートンの予言研究の実際と本質をその手稿をたよりにマニュエルは明らかにしようとする。彼の結論に珍奇なものはない。しかし、高度な自然科学的研究と同様に、ニュートンの予言研究は「聖書」の中に隠された神の意志、あるいはヒエログリフ化された神の啓示のひたむきな解読作業であった。その意味でニュートンは、真摯な解釈学者とは言えても、決して予言者などではなかったのである。

こうした解釈学的研究のためにニュートンは、一人の研究者が一生をかけても読みきれないほどの手稿を書きつらね、また年代学的論文の草稿を書きためていったのだが、ウェストフォールが批判するように、その膨大な資料を前にしてこの小さな一冊がニュートン神学の全貌を明らかにしたとは言えないのは事実である。期待したほどヤフダ文書の登場もない。しかし、マニュエルの研究が不完全だからこそ、次の研究ステップに踏み出す動機を、むしろ見出せるのではあるまいか。そしてまた、彼自身が吐露しているように（一九頁以下参照）、その研究の継続・発展が若手の研究者たちに期待されているのではなかろうか。この翻訳が、理系・文系といった旧弊な学問的たこ壺に落ち込むことなく、ニュートンの全体像に関心を抱いている日本の若者を知的に刺激することができれば、と念じている。

三　著者マニュエルについて

フランク・E（エドワード）・マニュエルは一九一〇年にボストンで生まれ、二〇〇三年に亡くなった。地元のハーヴァード大学にPh・Dを取得するまで在籍した後、パリの政治社会高等学院École des Hautes Études Politiques et Socialesに留学した。アメリカに帰国してからは、母校ハーヴァードやいくつかの政府機関などで働いた後、ボストンの西隣りの町ウォルサムにあるブランダイス大学（一九三七―一九六五年、一九七七―一九八六年）およびニュー・ヨーク大学（一九六五―一九七七年）において、歴史学と心理学を中心とする学科に所属し教鞭を執った。一九八六年に引退してからは、亡くなるまでブランダイス大学の名誉教授の地位にあり、彼はその人生の大半を生まれ故郷ボストンとその近郊で過ごしたのだった。

彼の研究者としての関心の幅はきわめて広く、ユートピアを論ずるかと思えば、マルクスも論じた。日本では、森博氏による訳書『サン・シモンの新世界』（恒星社厚生閣、一九七九年刊。原書は *The New World of Henri Saint-Simon*, 1956である）によって、サン・シモン研究者と考えられていたのではあるまいか。こうした彼の研究を敢えて既成の学問概念に当てはめるなら、宗教社会学とするのが穏当なところなのであろう。

本書はマニュエルによるニュートン研究三部作の最後をかざる論文であったが、この小著を一瞥《いちべつ》しても、そこここに語り出される事柄の一つ一つが彼の博覧強記に支えられていることは疑い得ない。ニュートンはマニュエルを最も魅了した人物だったようであるが、それだけニュートンは謎めいた人間であり、さまざまな観点から見ても語り尽くせない人間だったのである。

最後に、訳者の弁解と謝辞を述べておきたい。まず弁解だが、訳者は本来ニュートン研究を専門とする者ではない。日頃は植民地時代アメリカで三百年前に行なわれた裁判の記録を読んでいる。この研究を進める中で社会史的なアプローチの必要性を感じ、一七世紀末の母国イングランドに眼を向けたとき、ニュートンも視野に入ってきたのである。いろいろな経緯を経て、ある年、錬金術師としてのニュートンを研究し、常識的ニュートン観の変更を迫ったことで知られるB・J・ドッブスの署名が青インクで書き付けられた本書の原本を、ボストンの古本屋でみつけた時から、本書を日本にもぜひ紹介したいと思ったのだった。したがって、単純な誤訳はもちろんのこと、ニュートンに関しても素人であり、キリスト教に関しても専門家とは言えない訳者の誤解にもとづく誤訳があるのではないかと恐れている。大方の叱正を待ちたいと思う。（ちなみに、ドッブス旧蔵の原本に、通読された痕跡はない。）

謝辞の第一は、法政大学出版局の前理事・平川俊彦氏に申し上げたい。今回の翻訳は訳者の方から出版局に持ち込んだのであるが、平川氏に直接お願いしたところ、本書の意義を認められ、ほとんど即決で出版を引き受けてくださった。次に、絶版となって久しい原本を探す中で協力をいただき、また不可解な歴史的事実などを解決するために訳者に代わってワシントンD・Cにあるアメリカ議会図書館にも足を運んでくれた友人エリザベス・リドーの親切にお礼を言いたい。

さらに、口絵に使うために希望したニュートン手稿のファクシミリを作成してくれた、ヘブライ大学付属国立図書館（手稿部）にもお礼を申し上げる。訳者が希望を申し出たときは、ニュートン手稿を六月にサイトで公表するため館員たちが多忙な時期に当たっていた。それにもかかわらず彼らは快く作業を進めてくださった。（なお、マニュエルの原書には、こうした「口絵」は付いていない。本訳書独自の付録である。）

また、法政大学出版局編集部の秋田公士氏による誠実な編集にも、心から感謝を申し上げたい。一挙に出版にこぎ着けられたのは、秋田氏のおかげである。

そして、本書の出版に気をもみ、原稿の一部に眼を通し、叱咤も与えてくれた家族たちにも礼を言っておこう。

二〇〇七年　猛暑日の中で

竹本　健

原　　注

I　天国にいます父よ

(1)　Jerusalem, Jewish National and University Library, Yahuda MS. 1. 1, fol. 16ʳ. 補遺 A 153–154 頁を見よ。
(2)　Albrecht von Haller, *Briefe über die wichtigsten Wahrheiten der Offenbarung* (Bern, 1772), p. 6.
(3)　Johann Georg Hamann, 'Betrachtungen über Newtons Abhandlung von den Weissagungen', *Sämtliche Werke*, ed. Josef Nadler, i (Vienna, 1949), 315–19 および 'Tagebuch eines Christen', op. cit. 9.
(4)　David Brewster, *Memoirs of the Life, Writings and Discoveries of Sir Isaac Newton* (Edinburgh, 1855), ii. 94.
(5)　Royal Commission on Historical Manuscripts, *Eighth Report*, Pt. 1 (London, 1881), 61, official certificate of the vicar and churchwarden of St. Botolph's Church, Cambridge, 18 Aug. 1695.
(6)　Oxford, Bodleian Library, New College MSS. 361, II, fol. 39ʳ.
(7)　Cambridge, King's College Library, Keynes MS. 130.
(8)　T. B. Howell, compiler, *A Complete Collection of State Trials* (London, 1816), xi. 1315–40.
(9)　Yahuda MS. 18. 1, fol. 3ʳ.
(10)　William Whiston, *Sir Isaac Newton's Corollaries from his Philosophy and Chronology in his own Words* (London, 1729).
(11)　Herbert McLachlan, ed., *Sir Isaac Newton: Theological Manuscripts* (Liverpool, 1950). A. N. L. Munby, 'The Keynes Collection of the Works of Sir Isaac Newton in King's College, Cambridge', *Notes and Records of the Royal Society of London,* x (1952), 40–50 も見よ。
(12)　Keynes MS. 132. 1727 年 4 月 7 日付手紙。その一部はサザビー商会による *Catalogue of the Newton Papers sold by order of the Viscount Lymington* (London, 1936), pp. 56–7 に掲載されている。
(13)　Yahuda MS. 18. 1, fol. 2ᵛ.
(14)　Richard S. Westfall, 'Short-Writing and the State of Newton's Conscience, 662 (1)', *Notes and Records of the Royal Society of London*, xviii (1963), 14.
(15)　Whiston, *Newton's Corollaries*, pp. 13–15.
(16)　Keynes MS. 13 を見よ。*Sotheby Catalogue*, p. 2, lot 2; H. R. Luard *et al., A Catalogue of the Portsmouth Collection of Books and Papers by or belonging*

to Sir Isaac Newton (Cambridge, 1888), p. 17.

(17) Newton, *Philosophiae naturalis principia mathematica, 3rd edn. in facsimile with variant readings*, ed. A. Koyré and I. B. Cohen (Cambridge, Mass., 1972), ii. 762.

(18) Yahuda MS. 1. 1, fol. 15^r. 補遺 A 151–152 頁を見よ。

(19) Yahuda MS. 15. 5, fols. 96^v, 97^r, 98^r.

(20) Yahuda MS. 21, fol. 1^r.

(21) Yahuda MS. 15. 7, fol. 154^r.

(22) Yahuda MS. 15. 5, fol. 79^r.

(23) J. E. McGuire and P. M. Rattansi, 'Newton and the "Pipes of Pan"', *Notes and Records of the Royal Society of London*, xxi (1966), 108–43 を見よ。

II 神の御言葉と神の御業

(1) 1939 年の夏には，ローズベルト大統領がウラニウムに関する諮問委員会を立ち上げるきっかけとなった，「ウラニウムの核分裂から生じる軍事的危険性」に関する手紙に，アインシュタインは署名していた。Margaret Gowing, *Britain and Atomic Energy, 1939–1945* (London, 1964), p. 34 を見よ。

(2) Yahuda MS. Var., Albert Einstein to A. S. Yahuda.

(3) Yahuda MS. Var., A. S. Yahuda to Nathan Isaacs, 23 Mar. 1941. ジョージ・サートンとの会話が引用されている。

(4) Keynes MS. 6, fol. 1^r. McLachlan, *Newton's Theological Manuscripts*, p. 58 において活字化されている。

(5) Francis Bacon, *The Advancement of Learning and New Atlantis* (London, 1951), p. 11 (The First Book, 1. 3).〔『学問の進歩』(服部英二郎・多田英次訳) 24 頁〕

(6) Thomas Hearne, *Works* (London, 1810), iii. clxi-clxiv, John Wallis to Thomas Smith, 29 Jan. 1697.

(7) Keynes MS. 130.

(8) Newton, *Principia* (London, 1687), p. 415.

(9) Galileo, 'Letter to the Grand Duchess Christina', in *Discoveries and Opinions*, tr. Stillman Drake (New York, 1957), p. 186.

(10) Johannes Kepler, *Nova Astronomia*, in *Gesammelte Werke*, ed. Max Caspar (Munich, 1937), iii. 33.

(11) Bacon, *Advancement of Learning*, pp. 49–50 (The First Book, VI. 16).〔『学問の進歩』(服部・多田訳) 78 頁以下〕

(12) Thomas Browne, *Religio Medici* (London, 1643), p. 28.

(13) Robert Boyle, *The Christian Virtuoso*, in *Works*, newly ed. T. Birch (London, 1772), v. 517.

(14) Cambridge, University Library, Add. MS. 3965, fol. 289r, Draft D. ピエール・デ・メゾーが出版するクラーク書簡集に掲載されるようニュートンから彼に送られた「読者へのはしがき」のための草稿を見よ。そこには,「いかなる物の性質も存在なのではなく,その物の存在がその性質を帯びるのである。しかし,ヘブライ人が神のことを mekhes 場所と呼んだように〔『エステル記』4, 14 などによる。ただし今日の旧約学では「場所=神」とする説には争いがある〕,またあらゆる場所におられる神のために比喩表現により場所を示しつつ,われわれは神にあって生き活動し自らの実体を得るのであるから神がわれわれの中の誰からも離れてはおられないことを使徒がわれわれに教えているように,そして聖典が一般的に適当な言語がないために引喩や比喩表現によって神のことを語っているように,これらの書簡においては性質と特性という言葉が神の偏在性と永遠性に関しては神の存在の果てしない広がりを表わし,またこのような仕方で存在することが神一人にふさわしいことを表わすために比喩表現によってのみ使われたのである。」(A. Koyré and I. B. Cohen, 'Newton and the Leibniz-Clarke Correspondence, with Notes on Newton, Conti and Des Maizeaux', *Archives internationales d'histoire des sciences*, xv (1962), 99 およびファクシミリ版) ニュートンは,神の名をみだりに唱えることを避けるため敬虔なユダヤ人によってよく使われた言葉,maqus〔場所〕の綴りを間違っている〔mekhes は正しくは「貢ぎ物」の意。『民数記』31, 28, 37–41 参照〕。

(15) Newton, *Correspondence*, iii (Cambridge, 1961), 191, Memoranda by David Gregory, 28 Dec. 1691.

(16) Kepler, *Nova Astronomia*, pp. 28–9.

(17) Newton, *Correspondence*, ii (1960), 329–34.

(18) William Whiston, *A New Theory of the Earth* (London, 1696), p. 3. *A Collection of Authentick Records Belonging to the Old and New Testament* (London, 1727–8), Pt. 2, Appendix IX, p. 1071 において,ニュートンに影響されたホィストンは「旧約聖書の預言書に関する比喩的解釈または二重解釈」に反感を抱いていることを公表した。

(19) Whiston, *A New Theory of the Earth*, p. 95.

(20) Johann Gottfried Herder, *Aelteste Urkunde des Menschengeschlechts*, in *Sämmtliche Werke*, ed. B. Suphan (Berlin, 1877–1913), vi. 202.

(21) H. Guerlac and M. C. Jacob, 'Bentley, Newton, and Providence', *Journal of the History of Ideas*, xxx (1969), 316.

(22) Newton, *Optics*, 2nd edn. in English (London, 1717), Query 28 (1706 年ラテン語版疑問 20 の英語版).〔『光学』(島尾永康訳) 327 頁〕

(23)　Newton, *Principia*, ed. Koyré and Cohen, ii. 764. 変更が加えられたことは歴然としているが，「しばらくして，熟慮した後に，ニュートンは自分が不注意だったことを認め，そうして神に関する表現を和らげて 'ad Philosophiam experimentalem pertinet'〔実験哲学に関わる〕とするよりもむしろ 'ad Philosophiam naturalem pertinet'〔自然哲学に関わる〕と訂正すべきことを決めた」という見解に証拠はあるのだろうか。I. Bernard Cohen, *Introduction to Newton's 'Principia'* (Cambridge, Mass., 1971), p. 244 を参照のこと。

一般的注解のこの個所には異文があり，それは公文書館の造幣局文書部門の中に保存されているのだが，私が思うにそれらは今まで知られていなかったものであって，それらの1つは 'ad Philosophiam experimentalem pertinet' という表現を残している。以下の文章（V, fol. 45ᵛ）は，成分分析と精錬方法，また講和メダルの鋳造に関するいくつかのメモの裏面に書かれたものである。

'Pro〈varietate〉diversitate locorum ac temporum diversa est rerum Natura, et diversitas illa non ex necessitate metaphysica, quae utique eadem est semper et ubique,〈non〉sed〈aliunde quam〉ex voluntate sola entis necessario existentis oriri potuit. Sola voluntas principium fons et origo est mutationis ac diversitatis rerum, ideoque Deum veteres αὐτοκίνητον dixerunt.〔場所および時間の〈変化〉差異に応じて事物の本性は異なり，またそうした差異は必ずや常にどこでも同じである形而上学的な差異からではなく，〈むしろ〉そうでなく〈別のものから〉必然的である存在の意志のみから生じ得るのである。意志のみが事物の変遷や差異にとって第一の源泉および起源であり，それ故にまた古人たちは神のことをアウトキネートン（それ自身で動かされるもの）と呼んだのである。〕

'Αὐτοκίνητον est〈Deus〉Agens〈Principium〉primum, quod de fato et Natura dici non potest.〈et ex voluntate sola entis necessario existentis〉Pro diversitate locorum ac temporum diversa est rerum finitarum natura, et diversitas illa non ex necessitate metaphysica, quae utique eadem est semper et ubique, sed ex voluntate sola Entis intelligentis et necessario existentis oriri potuit. Et haec de Deo, de quo etc.〔アウトキネートンは〈神〉行為者，〈創始者〉第一の者であり，そのため運命と自然について云々することはできない。場所および時間の差異に応じて限られた事物の本性は異なっており，またそうした差異は必ずや常にどこでも同じである形而上学的な差異からではなく，そうではなく認識し必然的である存在の意志からのみ生じ得るのである。これは神に関しており，そしてそれについて云々。〕

'Agens primum ut sit primum, αὐτοκίνητον esse debet, et propterea potestate volendi praeditum est: quod de fato et Natura dici non potest. Pro diversitate locorum ac temporum diversa est rerum omnium finitarum natura, et diversitas illa non ex necessitate Metaphysica (quae utique eadem est semper et ubique) sed ex volutate [sic] sola Entis intelligentis et necessario existentis oriri potuit. Et haec de Deo de quo utique ex phae[no]menis disputare, ad Philosophiam experimentalem pertinet.'〔行為者は第一の者であり，アウトキネートンでなければならない創始者であり，またそのため意欲する力を与えられている。そのため運命と自然について云々することはできない。場所および時間の差異に応じてすべての限られた事物の本性は異なっており，またそうした差異は（必ずや常にどこでも同じである）形而上学的な差異からではなく，そうではなく認識し必然的である存在の意志からのみ生じ得るのである。これは神に関したものであり，そしてそれについて特に現象から論じることは，実験哲学に関わるものである。〕

造幣局文書の別のページ（I, fol. 62r）は，貨幣が含有する金と銀の重量やエジプトにおける幾何学の誕生に関する所見とともに，次のような文を含んでいる。'A necessitate metaphysica nulla oritur rerum variatio. Tota illa quam in mundo conspicimus, diversitas rerum a sola entis necessario existentis voluntate libera oriri potuit.'〔形而上学的な必然性によって事物の差異はまったく生じない。世界においてわれわれが見ている事物の差異はすべて必然的である存在のひとり自由意志によって生じ得るのである。〕

(24) Cambridge, University Library, Add. MS. 3996, fol. 101r.

(25) 1717 年刊ロンドン版『光学』のバブスン研究所付属図書館所蔵本（133 番）中の 382 頁への手書きによる補遺を見よ。〔『光学』（島尾訳）357 頁参照のこと。〕

(26) Yahuda MS. 41, fol. 8r, 'The original of religions'. 初期の宗教の歴史と変遷については，Keynes MS. 3, fol. 35r も見よ。

(27) Keynes MS. 130.

(28) イアン・マクファイルが，*Alchemy and the Occult. A Catalogue of Books and Manuscripts from the Collection of Paul and Mary Mellon given to Yale University Library* (New Haven, 1968), ii. 347–8 において，『R. C. 通称，薔薇十字の兄弟団の名声と告白　エウゲニウス・フィラレテスによってこれに付された序文，および彼らの物理学的研究に関する手短な公表』[トーマス・ヴォーン編]（ロンドン，1652 年）の 1 冊に，ニュートンが書き込んだメモを再現している。すなわち，「R. C. 薔薇十字団と推定される団体の創立者は（噂されている通りだとすれば）1378 年に生まれ 1484 の年

に亡くなったが，彼の遺体は1604年に見つかり，そして一両年の間に（はくちょう座〔天の川に位置する北天の大星座。赤経20時30分，赤緯＋43度〕とへびつかい《セルペンタリウス》座〔天の川の西岸に位置する初夏の大星座。赤経17時10分，赤緯－4度〕のあたりに新たな星々が輝いていた頃），あるいはミヒャエル・マイエルス〔マイヤー〕が1618の年に印刷された『R. C. 兄弟団の規則について』という本の17章および1616年12月の日付がある彼の『黄金テーブルの象徴』，これはその中に（290頁）『名声と告白』の本はフランクフォードにおいて1616年の秋に印刷されたという彼の注記がある本だが，これらの本において断言しているようにむしろ1613の年のことか，ともかくその頃教団は自らの名声を失ってしまった。これはその詐欺の歴史であった」，と。

(29)　偶像崇拝については，New College MSS. 361, III, fols. 32^{r}，$34^{r.v}$，および 65^{r}，66^{v} を見よ。

(30)　Newton, *Correspondence*, ii. 1–2, Newton to Oldenburg, 26 Apr. 1676.

(31)　W. G. Hiscock, ed., *David Gregory, Isaac Newton and their Circle: Extracts from David Gregory's Memoranda, 1677–1709* (Oxford, 1937), p. 25; Agnes Grainger Stewart, *The Academic Gregories* (New York, 1901), p. 23; Charles Hutton, *Mathematical and Philosophical Dictionary*, 2nd edn. (London, 1815), i. 605.

(32)　Yahuda MS. 1. 1, fol. 14^{r}. 補遺A150–151頁を見よ。

III　古代の破戒者・近代の破戒者

(1)　Claude-Henri de Saint-Simon, *Lettres d'un habitant de Genève à ses contemporains* (Paris, 1803).

(2)　F. C. C. Pahin-Champlain de la Blancherie, *De par toutes les Nations. L'Agent général de Correspondance pour les Sciences et les Arts (M. de la Blancherie), à la Nation Angloise: Proclamation dans l'esprit des jeunes ordonnés par le roi, pour les années 1794, 1795, et la présente* (London, 1796).

(3)　*The Age of Neo-Classicism*, catalogue of the exhibition (The Arts Council of Great Britain, 1972), nos. 1019–21.

(4)　Yahuda MS. 15. 3, fol. 46^{r}.「融和神学《イレニクム》」McLachlan, *Newton's Theological Manuscripts*, p. 32〔当該個所をマクラクランの原書によって引用しておく。Here the Apostle, under the name of milk for babes, comprehends all that was taught before baptism and admission into communion, and, under the name of strong meat, comprehends all that was to be learnt afterwards by men of riper years by studying the scriptures or otherwise. And since

strong meats are not fit for babes, but are to be given only to men of riper years, they were not to be imposed on all men, but only to be learnt by such as after admission into communion were able to learn them〕も参照のこと。

(5) Yahuda MS. 15. 1, fol. 11^{r}.

(6) Yahuda MS. 15. 5, fol. 98^{v}.

(7) Ibid.

(8) Yahuda MS. 39, fol. 1^{r} および 1^{v}.

(9) Yahuda MS. 15. 7, fol. 190^{r}.

(10) Yahuda MS. 15, 5, fol. 91^{r}.

(11) Ibid., fol. 92^{v}.

(12) Ibid., fol. 95^{v}.

(13) Yahuda MS. 15. 7, fol. 154^{r}.

(14) 'Paradoxical Questions Concerning the Morals and Actions of Athanasius and his Followers', in McLachlan, *Newton's Theological Manuscripts*, pp. 60–118.

(15) Yahuda MS. 15. 7, fol. 154^{r}.

(16) Yahuda MS. 15. 5, fol. 98^{v}.

(17) Yahuda MS. 15. 7, fol. 154^{r}.

(18) Yahuda MS. 15. 4, fol. 67^{v}.

(19) Ibid.

(20) *The Book of Common Prayer* (London, 1724), with manuscript additions and alterations by Samuel Clarke (British Museum: C. 24. b. 21).

(21) Yahuda MS. 5. 1, fol. 7^{r}; Yahuda MS. 25, fols. 20^{r}, 21^{r}.

(22) Hopton Haynes, *Causa Dei contra novatores* (London, 1747), pp. 31, 58.

(23) ウィリアム・ホィストンはまず *Historical Memoirs of the Life of Dr. Samuel Clarke* (London, 1730) においてニュートンの異端説を指摘し，さらに *Memoirs of the Life and Writings of W. W*. (London, 1749) において広言した。

(24) Westfall, 'Short-Writing and Newton's Conscience', pp. 12, 13.

(25) Yahuda MS. 7. 3, fol. 32^{r}.

(26) Mint Papers, V, fol. 33^{v}.

(27) Yahuda MS. 9. 2, fol. 158^{r}.

(28) Keynes MS. 5, fol. 109^{r}.

(29) Newton, *Correspondence*, iii. 279, Newton to Pepys, 13 Sept. 1693.

(30) Yahuda MS. 11, fol. 1^{r}.

(31) Yahuda MS. 15. 5, fol. 97^{v}.

(32) Christian Knorr von Rosenroth, *Kabbala Denudata* (i, Sulzbach, 1677; ii,

Frankfort, 1684).

(33) Yahuda MS. 15. 7, fol. 108[v].

(34) Yahuda MS. 15. 7, fol. 127[r]. 第 127 葉裏の欄外には ‘*Cabb. denudata* Pars 2, p. 181, 182, 203, 204’ への言及が見られる。

(35) Yahuda MS. 15. 5, fol. 88[v].

(36) Yahuda MS. 15. 7, fol. 127[v].

(37) Yahuda MS. 15. 5, fol. 87[v].

(38) Yahuda MS. 15. 7, fol. 116[r].

(39) Mint Papers, V, fol. 37[r].

(40) Yahuda MS. 15. 7, fol. 190[r].

(41) Ibid., fol. 120[r].

(42) Yahuda MS. 15. 3, fol. 54[r].

(43) Yahuda MS. 15. 5, fol. 88[v].

(44) Yahuda MS. 15. 3, fol. 53[r]; Yahuda MS. 15. 5, fol. 83[r].

(45) Yahuda MS. 15. 3, fols. 53[v], 54[r].

(46) Yahuda MS. 15. 7, fol. 109[v].

(47) Whiston, *Newton’s Corollaries*, pp. 17–18.

(48) Yahuda MS. 11. 3, fol. 5[r]. 参照したのは Caesar Baronius, *Annales Ecclesiastici* (Antwerp, 1594), 10 tomes である。

(49) Koyré and Cohen, ‘Newton and the Leibniz-Clarke Correspondence’, pp. 63–126. 1715 年のある時点に書かれたと思われる，ニュートンの手による手紙の草稿については，A. R. and M. B. Hall, ‘Clarke and Newton’, *Isis*, lii (1961), 584 もまた見よ。それはライプニッツの形而上学的見解を批判したものだが，クラークの 5 番目の返答に対応した内容になっている。「と同時に彼に提示されております〈しかしその仮説はやがて難問の実験《エクスペリメントゥム・クルキス》にかけられるかもしれないと言われておりますし，またライプニッツ氏はその目的で仮説を提案されております。その仮説が難問の実験《エクスペリメンタ・クルキス》にかけられますならば，それらは仮説ではなくなるでしょうし，没落もしていくでしょうが，彼の仮説が，神は超俗的な知的《インテリゲンティア・》存在《スプラムンダナ》である，すべての動物的運動は（人間自身においてすら）純粋に機械的である，予定調和《ハルモニア・プラエスタビリタ》が存在する，神は世界を完璧に創造されたので世界が無秩序に陥ることは決してあり得ず，また修正される必要もない，自然界のすべての現象は純粋に機械的である，物質には自ら動く力が賦与されている，ということでありますならば，私はお答えいたしますが〉仮説〈すなわち〉（実験によって検証されるべき疑問《クアエレス》ではなく根拠のない〈推測あるいは〉証拠もないのに信ずべき意見）は哲学を空想《ロマンス》に変えてしまうのです。」

(50) Whiston, *Historical Memoirs of Dr. Clarke*, p. 132.

(51)　A. Koyré and I. B. Cohen, 'The Case of the Missing *Tanquam*; Leibniz, Newton and Clarke', *Isis*, lii（1961), 555–66. 一部の 1706 年版『光学』は，その 315 頁の 1 節において，*tanquam Sensorio suo* という文を含んでいる。その他のものを見ると，コイレとコーエンはこちらがオリジナルだと主張しているのだが，表現が異なっており *tanquam* も欠いている。ライプニッツは *tanquam* のない本を所有していたようである。コイレとコーエンによると，彼らが調べた 18 冊のうち 4 冊において *tanqua*m が欠落していた。

(52)　コンティ師に宛てた手紙の草稿において，ニュートンは「神人同形論者を除いて」誰も「神は文字通りの感覚器官《センソリウム》を有する，といった説をでっち上げたことはありません」と書いている（Koyré and Cohen, 'Newton and the Leibniz-Clarke Correspondence,' p. 114)。

(53)　*Philosophical Transactions of the Royal Society*, xxxiii（1725), p. 321. および Yahuda MS. 27, fol. 4r.

Ⅳ　預言と歴史

(１)　London, British Museum, Add. MS. 25424, 'Huggins' List'. これにはリチャード・ド・ヴィラミルによるリプリント版が出ている。Richard de Villamil, *Newton: the Man*（London, 1931), pp. 62–110. 偽書である『暴かれた秘密』の全タイトルは，*Secrets Reveal'd: or an Open Entrance to the Shut-Palace of the King Containing, The Greatest Treasure in Chymistry, Never yet so plainly Discovered. Composed by a most famous Englishman, Styling himself Anonymous, or Eyraeneus Philaletha Cosmopolita: Who, by Inspiration and Reading, attained to the Philosophers Stone at his Age of Twenty three Years, Anno Domini, 1645*（London, 1669）である。

(２)　Yahuda MS. 1. 1, fol. 2r. 補遺 A 130–131 頁を見よ。

(３)　Bodleian Library, MS. Rawlinson D 878, fols. 33–59.「ケンブリッジ大学トリニティー・カレッジのフェロー，アイザック・ニュートン氏によって S.S.に送られたアイザック・バロー博士の図書目録。1677 年 7 月 14 日。バロー博士は 1677 年 5 月 4 日に死亡せり。」

(４)　例えば，Henry More, *Enthusiasmus Triomphatus*（1662）および *Antidote against Atheism*（1656）や John Spencer, *A Discourse concerning Vulgar prophecies wherein the vanity of receiving them as the certain indications of any future Event is discovered; and some Characters of Distinction between true and pretending Prophets are laid down*（1665）を参照のこと。

(５)　John Spencer, *De legibus Hebraeorum ritualibus et earum rationibus*（Cambridge, 1685).

(６)　Yahuda MS. 1. 1, fol. 1r.　補遺 A 129–130 頁を見よ。

(7) Ibid.

(8) Yahuda MS. 1. 1, fol. 2^{r}. 補遺A 130–131 頁を見よ。

(9) Yahuda MS. 1. 1, fol. 3^{r}. 補遺A 132–133 頁を見よ。

(10) Yahuda MS. 1. 1, fol. 15^{r}. 補遺A 151–152 頁を見よ。

(11) Christopher Hill, *The World Turned Upside Down* (London, 1972), p. 77.

(12) Joseph Mede, *Works*, corrected and enlarged according to the Author's own manuscript〔by J. Worthington〕(London, 1664–63), 2 vols.

(13) Cambridge, University Library, Add. MS. 3987, fol. 123^{r}.

(14) Wellesley, Mass., Babson Institute Library, No. 434: Newton, 'Prolegomena ad Lexici Prophetici partem secundam, in quibus agitur De forma Sanctuarii Judaici…Commentarium', drawing of the ground-plan of the Temple of Solomon. 補遺B 172–173 頁を見よ。

(15) Yahuda MS. 4.

(16) Newton, *Correspondence*, iii. 305–7, John Mill to Newton, 21 Feb. 1694.

(17) Yahuda MS. 9. 1, fol. 4^{r}.

(18) 黙示録 16, 13。ヴルガータの読みは 'in modum ranarum'〔蛙風に〕である。

(19) Yahuda MS. 9. 1, fol. 25^{r}.

(20) Yahuda MS. 7. 1, fol. 31^{r}.

(21) Yahuda MS. 1. 1, fol. 14^{r}. 補遺A 150–151 頁を見よ。

(22) Ibid.

(23) Yahuda MS. 1. 1, fols. 14^{r}, 15^{r}. 補遺A 150–152 頁を見よ。

(24) Yahuda MS. 23, fol. 6^{r}.

(25) Yahuda MS. 9. 2, fol. 138^{r}. 補遺B 159–174 頁に再録した，Yahuda MS. 6, fols. 12^{r}–19^{r} の「審判の日と来るべき世について」は，Yahuda MS. 9. 2, fols. 123^{r}–170^{r} の中で述べられた，いくつかの着想の別ヴァージョンであり，さらに凝縮された形になっている。

(26) Yahuda MS. 9. 2, fol. 138^{r}.

(27) Ibid., fol. 139^{r}.

(28) Ibid.

(29) Yahuda MS. 9. 2, fol. 140^{r}.

(30) Ibid.

(31) Yahuda MS. 15. 3, fol. 46^{r}.

補遺 A

(1) 「エゼキエル 3, 18 を見よ」と，手稿の欄外に書き加えられている。

(2) 「おそらく以下に述べたことは序文に入れるのがよいであろう」と，手

稿の欄外に書き加えられている。

訳　注

I　天国にいます父よ

〔一〕　アルブレヒト・フォン・ハラー（1708–77 年）はスイス出身のゲッティンゲン大学教授。筋肉と神経の働きを研究し，近代実験生理学の確立に貢献。植物学ではリンネに対抗しようとした。彼は詩作にも長じ，『アルプス』（1729 年）はルソーの思想を先取りする詩集と評価されている。

〔二〕　ヨハン・ゲオルク・ハーマン（1730–88 年）はドイツの哲学者。啓蒙的合理主義に対する批判を展開し，ロンドン滞在中に決定的な回心を体験。カント批判も展開し，理性よりは具体的啓示の言葉への信仰を重視した。

〔三〕　17 世紀の英国国教会内に現われた一部の信仰で，伝統的な教会組織や儀式や教義などにとらわれない自由主義のこと。後のオクスフォード運動（19 世紀前半の英国国教会の再建運動）から登場した，いわゆる広教会派（Latitudinarian）とは別。

〔四〕　ソッチーニ（1539–1604 年。ラテン語名はソキニウス，イタリア出身の反三位一体論者。1562 年の『ヨハネ福音書第一章講解』によって三位一体批判を確立）を中心とする宗教運動集団。多くの批判にさらされ，ヨーロッパ各地を転々とした。ニュートンの蔵書には，Faustus Socinius, *De Iesu Christi Filii Dei natura sive essentia...disputatio, adversus A. Volanum... Secundo edita.* [*Preface signed F.S., i. e. F. Socinius.*] 1627 が含まれている。

〔五〕　アングリカン・チャーチが古代以来の教会を継承する教会であることを強調し，教会の権威を重視する英国国教会の一派。国教会をカトリック教会の 1 つとして位置づけるとともに，ピューリタンに対しては国教会のカトリック（普遍）性を強調した。

〔六〕　ベルゼブブはギリシャ語新約聖書の主な写本が採用する「ベルゼブル」のラテン語形。悪魔の頭の名前。マタイ 12, 24 など参照のこと。

〔七〕　ヤコブス・アルミニウス（1560–1609 年。オランダ名はハルメンスあるいはハルメンセン。アルミニウスはそのラテン語化）はオランダの改革派神学者。彼の弟子たちとともに，三位一体を否定したとされる。

〔八〕　アリウス（250 頃–336 年頃。ギリシャ名はアレイオス）はそのキリスト論において三位一体を否定して，いわゆるアリウス主義を主張したアレクサンドリアの聖職者である。アリウスによれば，キリストがマリアから生まれた者ならば，彼にも人間と同様に始めがあり，生まれる前には存在しなかった時がある。一方，神の子たるキリストは父なる神により創造され

た者であって，父なる神と子なるキリストは同質（ホモウシオス）ではありえず，異質的（ヘテロウシオス）存在である。三位一体論を堅固に信じるアタナシオス（296頃–373年。アレクサンドリア主教）などは，このアリウス主義を異端として非難した。ニカエア公会議（325年）において，アリウスの反三位一体的教えは公式に弾劾されるが，その後も続いたこの論争はコンスタンティノープル公会議（381年）がニカエア信条を確認したことによって決着した。

しかし，アリウス主義は後世に強い影響を及ぼしており，特に合理的に考えようとする人々に信奉者が続いた。合理主義的な科学の時代への転換期にあったニュートンの時代に，一方で中世的異端弾圧が根強く残っており，キリスト教の正統的信仰を棄てること自体には生命の危険を伴うことすらあったとすれば，非合理的な思想そのものである三位一体論と折り合いをつけることは彼らにとってはなはだ困難だったであろう。そこにアリウス的思想が密かに受け入れられる素地があった。

〔九〕 反三位一体の立場にあるキリスト教徒に対する総称。したがってアリウス派やソッチーニ派などもこれに含まれる。

〔一〇〕「アングリカン・チャーチ」は単にイングランド〔英国〕国教会のみならず，スコットランドやウェールズなどの国教会系教会をすべて含む概念である。

〔一一〕 教会のこと。マタイ 21, 13 やマルコ 11, 17 を参照のこと。

〔一二〕 アングリカン・チャーチと同義。マニュエルの使い分けに従って訳した。

〔一三〕 アルバン・フランシス神父事件の詳細については，ウェストフォール『アイザック・ニュートン』（田中・大谷訳）第2巻14–19頁（Westfall, *Never at Rest*, pp. 476–479）を参照されたい。

〔一四〕 イングランドでは宗教改革によって宗教裁判権は国王に帰属することになったが，国王は当初その裁判権を高等宗務官に委任し，さらに1580年頃にこれを恒常的制度とするために特別裁判所を設けた。

〔一五〕 デヴィッド・グレゴリー（1659–1708年）はスコットランド出身の数学者，物理学者。24歳でエディンバラ大学の数学教授に就任し，そこで当時の最先端科学であったニュートン理論を教授した。オクスフォード大学教授に転出していた1702年には，通俗的なニュートン論である *Astronomiae Physicae et Geometricae Elementa* を出版している。

〔一六〕 ファティオ（1664–1753年）はスイス出身の数学者，自然哲学者。ニュートンとは，1689年にロンドンの王立協会で会って以降，親密な関係を結び，ニュートニアンの1人となった。マニュエルがここで言及しているユグノー派預言者とは，「カミザール」と綽名されたマゼル一派のことであるが，彼らは改宗強要を目的とする新教徒弾圧令，すなわちルイ14

世によるナントの王令の廃止を求めて，1702 年に国王軍との間にゲリラ戦を展開した。ロンドンには彼らの一部が亡命していた。

〔一七〕 ホィストン (1667–1752 年) は英国国教会の司祭などを勤めた後，1703 年にニュートンの後継者としてケンブリッジのルーカス数学講座第 3 代教授に就任した。しかし，そのアリウス主義的傾向が原因となって，1710 年に大学から追放された。現在では彼自身の神学研究よりも，1 世紀のユダヤ人史家ヨセフスの翻訳者として知られている。

〔一八〕 キリストの神性を否定する人々。

〔一九〕 irenicum または irenics の訳語。平和の女神イレーネーにちなむ造語。一般的には 17 世紀以降の英国国教会による非国教徒の抱込《だきこ》み政策を表わすが，ニュートンの晩年の神学思想においては，そのカトリック批判とともに重要な一部となっていた。なお, H. McLachlan, *Sir Isaac Newton Theological Manuscripts*, 1950, pp. 27–35 を参照のこと。

〔二〇〕 Jacobite はジェームズのラテン語形 *Jacobus* にちなむ呼び方。名誉革命によってイギリス国王ジェームズ 2 世（カトリックを信仰）が退位させられ，フランスに亡命した後も，彼とその子孫を正統な君主とすることを主張した。

〔二一〕 ヘブライ語ではユダヤ教の口承による伝統を意味する。信仰ではなく，認識によって神に直接近づく道を教える。

〔二二〕 モーセの律法（トーラー）とは別の，ユダヤの口伝律法であるミシュナ（第 4 章訳注〔一六〕参照のこと）とその注解であるゲマラを集大成した文書。

〔二三〕 フランシス・ホール（むしろライン Line またはそのラテン語形リーヌス *Linus* として知られている。1595–1675 年）はイエズス会士で，1661 年に真空問題をめぐって実験哲学の先駆者ロバート・ボイルを批判する論文 *De corporum inseparabilitate* を発表した。このホールによる自然哲学批判を，ボイルやニュートンは深刻に受け止めた。ウェストフォール『アイザック・ニュートン』第 1 巻 290 頁（原書 p. 267f.）も参照のこと。

〔二四〕 ニコラ・フレレ（1688–1748 年）はフランス出身の歴史学者，年代学者，神話学者，言語学者であり，ニュートンの年代学研究を否定した。彼の研究は古代エジプト語を解読したシャンポリオンなどにも影響を与えた。ウェストフォール『アイザック・ニュートン』第 2 巻 389 頁以下（原書 p. 808f.）も参照のこと。

〔二五〕 アントニオ・スキネッラ・コンティ（1677–1749 年）はヴェネチアの聖職者であり，conversazione filosofica e felice と称したサロンの中心人物であった。ロンドンを訪れて以降，それまでデカルト主義者であった彼はニュートニアンの一員に転じてライプニッツ批判を展開した。

〔二六〕 *The Correspondence of Isaac Newton*, vol. 3, pp. 83ff. および同書 vol. 3,

pp. 129ff.または *Isaaci Newtoni Opera Quae Exstant Omnia*（Samuel Horsley, ed.）, *Tom V,* pp. 493–550 において全文を読むことができる。

〔二七〕 ジャン－バプティスト・ビオ（1774–1862 年）は，マニュエルによれば「天文学者」であるが，彼の研究は光学や電磁気学など広い範囲に及んでおり，その特徴は実験から法則を帰納する傾向が強かったとされる。

〔二八〕 いまだに出版の目処《めど》も立たない，ニュートンの遺した膨大な手稿類であるが，現在 Newton Project として目録の整理と一部の書写（プロジェクト第 1 期（5 年）の最終年である 2004 年において，神学関係文書の 40% に達している）が進行中であり，その成果が同プロジェクトのウェブサイト（http://www.newtonproject.ic.ac.uk）において公表されている。

〔二九〕 ニコラス・ハルトゼカー（1656–1725 年）は，ホイヘンスなどとともに当時のオランダを代表する数学者，科学者の 1 人。

〔三〇〕 神話の合理的解釈。ヘレニズム時代のギリシャ人神話解釈学者エウヘメロスにちなむ。神話は偉大な太古の王や英雄の神格化に始まると説いた。これは異教の神々を論難したキリスト教教父たちにとって有用な考え方であった。

〔三一〕 Jeova sanctus unus は 2 つの a，1 つの c，1 つの e，1 つの i=j，2 つの n，1 つの o，3 つの s，1 つの t，4 つの u=v から成る。アイザック・ニュートンのラテン語形 *Isaacus Neuutonus* も同じ数のアルファベットから構成されている。

〔三二〕「彼らが」が二重になっているが，原文（p. 21）... they they had no power... に従った訳である。ただし，この個所はヤフダ文書からの引用であって，マニュエルの引用がオリジナル通りかどうかまで訳者は確認していない。

II　神の御言葉と神の御業

〔一〕 ジョージ・サートン（1884–1956 年）はベルギーに生まれたが，後に第 1 次世界大戦をきっかけにアメリカにわたり，そこで活躍した科学史家。科学的ヒューマニズムの立場から，学問としての科学史を追究した。主著としては，*Introduction to the History of Science*, 1927–47 などがある。

〔二〕 モーセス・マイモニデス（1135–1204 年）はスペイン出身の改宗ユダヤ教徒。思想家，医師として活躍した。その哲学的著書はドゥンス・スコトゥスなど，キリスト教世界の思想家に深い影響を与えた。

〔三〕 トンマーゾ・カンパネッラ（1568–1639 年）は，当時スペイン支配下にあった南イタリア出身のドミニコ会士。ベルナルディーノ・テレジオの自然哲学に強い影響を受けて『感覚によって確証された哲学』（1591 年）を著したが，その反アリストテレス主義的な学説のために異端視され，イタ

リア各地を転々とすることになった。1602年には『太陽の都』を著し，科学技術にもとづき進歩する社会をめぐってユートピア論を展開した。また彼は聖書と科学の無矛盾性を信じ，聖書を確証するものとして，「新科学」を擁護する立場から『ガリレオの弁明』（1616年。澤井繁男氏による邦訳があり，カンパネッラの詳細については訳者解説を参照されたい）を著している。

〔四〕 コメニウス（1592–1670年）はチェコの宗教改革者で教育思想家であり，教授学の祖とされる。彼の教育思想は神学を背景に世界平和をも視野に入れた壮大なものであったが，世界の人々が完全に平等な学校に通うことによって万人が必要とする普遍的知識の体系（パンソフィア）を学ぶべきことを説いた。主著は *Didactica Magna*, 1657である。

〔五〕 「パンソフィア pansophia」はギリシャ語の「pan すべて」と「sophia 知」の合成語であり，「神智学《テオソフィア》」はその対概念。16世紀から17世紀に見られた北ヨーロッパの精神運動。神智学が直接神に迫ろうとするのに対して，現世の物質存在から類比的に超越的存在を認識しようとした。そのため，すでに言語化されている『聖書』のみならず，汎知学者にとっては言語化されていない自然が「隠された書」として解読すべき書物となるのである。コメニウスは，ドイツの思想家ヤーコブ・ベーメなどとともに，汎知学の継承者として知られている。

〔六〕 薔薇十字団は17世紀初頭のドイツにおける精神運動。架空の始祖ローゼンクロイツにちなむ名前を団体名とする秘密結社。その思想は，「十字」に象徴される古代キリスト教と「薔薇」に象徴されるアラビアおよびアフリカの錬金術や魔術を総合しようとするものであった。

〔七〕 ジョン・セルデン（1584–1654年）はイギリスの政治家。法律家として権利請願の作成にも携わった。法制史家としては，十分の一税の宗教的根拠を否定する『十分の一税の歴史』（1617年）を著した。ニュートンが所有していたのは，*De Diis Syris syntagmata II... Ed. juxta alteram ipsius autoris opera emendatiorem auctioremque omnium novissima... opera A. Beyeri*, 1680; *De jure naturali et gentium, juxta disciplinam Ebraeorum, libri VII*, 1665; *De synedriis & praefecturis juridicis veterum Ebraeorum libri III. Ed. ultima priori correctior*, 1679; *Uxor Ebraica, seu De nuptiis et divortiis ex jure civili, id est, divino & Talmudico, veterum Ebraeorum, libri III. Ed. nova*, 1673である（cf. John Harrison, *The Library of Isaac Newton*, p. 235f.）。

〔八〕 父はヘリット・ヤンス・ヴォス（1577–1694年。第IV章訳注〔一一〕参照のこと）であり，オランダの人文主義神学者，教会史家，言語学者。その子イサーク（1616?–1689年）は古典文献学者，古代地理学者であり，教父学も研究している。

〔九〕 ヨハネス・ブックストルフ（1564–1629年）はスイスで活躍したセム語学者。旧約聖書のテクストに関する研究に従事した。ニュートンが所有していたのは, *Epitome grammaticae Hebraeae ... Ed. 5a*, 1629; *Lexicon Hebraicum et Chaldaicum complectens ... Ed. 3a ab auctore recognita*, 1621; *Synagoga Uidaica ... Addita est ... Iudaei cum Christiano disputatio de Messia nostro ... Ed. novissima*, 1622である（cf. Harrison, p. 113）。

〔一〇〕 ジョン・ライトフット（1602–75年）はイギリスの旧約学者，ユダヤ教学者。新約研究においてユダヤ教研究がもつ重要性を説いた。ニュートンが所有していたのは，*Works. Revised and corrected by G. Bright*, 1684である（cf. Harrison, p. 179）。

〔一一〕 エドワード・ポーコック（1604–91年）はイギリスの東洋学者。オクスフォード大学でアラビア語教授やヘブライ語教授を務めた。ニュートンが所有していたのは, *A commentary on the Prophecy of Hosea,* 1685; *Lamiato'l Ajam, carmen Tograi, poetae Arabis doctiossimi; una cum versione Latine, & notis ... opera E, Pocockii,* 1661; *Porta Mosis, sive Dissertationes aliquot a R. Mose Maimonide ... Nunc primum Arabice ... & Latine editae ... Opera & studio E. Pocockii*, 1655である（cf. Harrison, p. 219）。

〔一二〕 ジョン・スペンサー（1630–93年）はイングランドの神学者，ヘブライ学者。ニュートンは, 彼の主著 *De legibus Hebraeorum ritualibus et earum rationibus, libri quatuor*, 1685を所有しており，熱心に読んだ形跡がある（cf. Harrison, p. 242）。

〔一三〕 リシャール・シモン（1638–1712年）はフランスの現セーヌ・マリティム県ディエップに生まれたイエズス会士で，パリ近郊のモー教区において哲学を教えた。また聖書本文の研究にも貢献し，近代聖書学の祖の1人とされるが, 生前には焚書の憂き目にあっている。代表的著作には *Histoire critique du Vieux Testament* (1678–1685) や *Histoire critique du texte du Neuveau Testament: ou l'on établit la verité des actes sur lesquels la religion chrétienne est fondée*, 3 vols., 1689–1693がある。ニュートンが所有していたのは, 以上の2冊の英語版のほかに, *Comparaison des cérémonies des Iuifs, et de la discipline de l'Eglise. Par le sieur de Simonville,* c. 1681; *Critical enquiries into the various editions of the Bible ... Translated into English, by N. S.,* 1684; *Lettres choisies, ou l'on trouve un grand nombre de faits anecdotes de littérature*, 1700である（cf. Harrison, p. 239）。

〔一四〕 ジャン・ル・クレル（1657–1736年）はスイス出身のアルミニウス派神学者，聖書学者。フランスやロンドンでオランダのアルミニウス派（レモンストラント派）の教えに感銘を覚え，アムステルダムに移住。そこで教授職に就き研究に従事したが，彼の聖書注解は近代的聖書学の先駆となった。ニュートンが所蔵していたのは，*Bibliothèque ancienne et moderne*,

Vols. 1–18, 1714–22 や *Bibliothèque choisie, pour servir de suite à la Bibliothèque universelle*. Année 1708–13, Vols. 16–27 を含めて 4 点である（cf. Harrison, p. 176 f.）。

〔一五〕 ジョン・ウォリス（1616–1703 年）はイギリスの数学者，物理学者。王立協会の創立メンバーの 1 人。1655 年に出版した *Arithmetica infinitorum* は微積分学の先駆けとして評価されている。ニュートンは *Mechanica*, 1669–71 および *Opera mathematica,* 3 vols., 1693–99 を所蔵していたが，これらには彼の書込みが散見される（cf. Harrison, p. 259）。

〔一六〕 ジョン・ウィルキンズ（1613–72 年）は王立協会の設立に尽力した 1 人であり，最初の幹事となった。またチェスターの主教やトリニティ・カレッジの学寮長も務めた。正確な意思疎通を行なうための普遍言語を模索して，言語学の研究を幅広く進めた。ニュートンは *Ecclesiastes: or, A discourse concerning the gift of preaching as it falls under the rules of art*, 1651 を所有していた（cf. Harrison, p. 262）。

〔一七〕 セス・ウォード（1617–89 年）はオクスフォード大学において天文学教授に任命された後，1662 年にイングランド南部の町エクセターの主教となり，1667 年以降はウィルトシャー州都ソールズベリーの主教を務めた。ニュートンが所有していた彼の著書は，*Idea trigonometriae demonstratae, in usum juventutis Oxoniensis*..., 1654 である（cf. Harrison, p. 260）。

〔一八〕 ジョン・レイ（1627–1705 年）はイングランドの植物学者で，植物の新しい体系化を試み，また「種」を定義したことで知られる。植物学に専念する前は聖職者だった時もあり，ニュートンは *Three physico-theological discourses*, ..., 1713 や *The wisdom of God manifested in the works of the Creation*, 1692 などを所蔵している（cf. Harrison, p. 224）。

〔一九〕 聖餐式においてパンとぶどう酒がその外的形態のまま実体的にはキリストの体と血（聖体）に変化するという説。聖体におけるキリスト現臨への信仰は，カトリック教会の重要な教義の 1 つである。

〔二〇〕 ラテン語原文は，*Collocavit igitur Deus Planetas in diversis distantiis a Sole*,...である。当該個所は第 3 版では第 3 篇命題 8 系 4（初版では系 5）に現われるが，この系全体にはニュートンの初版私家本においてすでに何度か訂正が加えられ，この個所からは「神」の名は削除されている。そして，第 3 版において最終的に，*In diversis ... distantiis a sole collocandi erant planetae* ...〔……太陽から異なった距離に惑星は配せられることになった〕とされた。ニュートンによる削除・加筆の詳細については，A. Koyré and I. B. Cohen（Edd.），*Isaac Newton's Philosophiae Naturalis Principia Mathematica, The Third Edition*（*1726*）*with Variant Readings*, 1972, Vol. II, p. 583 を参照のこと。

〔二一〕 ヘンリー・スタッブズ（マニュエルは Stubbs の表記を採るが，「Stubbe

スタッブ」の方が一般的か。1632–76年）は，イギリス中部の州都ウォーリックに隠棲していた内科医。ジョゼフ・グランヴィル（第II章訳注〔四九〕参照）が新しい科学を推進し，宗教的には自然神学の方向にあった当時の王立協会を擁護する著書 *Plus Ultra; or, The Progress and Advancement of Knowledge since the Days of Aristotle*, 1668 を出版すると，*Plus Ultra reduced to a Non Plus*, 1670 を著し，一方ではスコラ的保守の立場から，他方では自然哲学を信仰再生に利用しようとしたカンパネッラ（第II章訳注〔三〕参照）と似た考え方から，これに対する批判を展開した。

〔二二〕 設立間もない王立協会の中には，宗教的に不安定な当時の国政の遷移――ピューリタン革命（1640–60年）や名誉革命（1688–89年）が起こっている――が大きく影響したさまざまな動きがあったものと思われるが，マニュエルが依拠しているであろう資料あるいはそれに基づく歴史的事実に，訳者は辿り着けなかった。

マクロ的観点からすると，1662年にポルトガル王女ブラガンサのカテリーヌ（カトリック教徒）と結婚し，あるいはその死の床でカトリックに改宗し，信者として亡くなったほどにカトリック寄りであったチャールズ2世がイングランド国王となったのは1660年であり，同じ年に王立協会はこのチャールズ2世の庇護の下に設立されたのであったが，英国国教会信者であることはもちろん，「新科学」の先端にいた人々（ジョン・ウィルキンズ，クリストファー・レン，ロバート・ボイルなど）が創立メンバーであることに，この団体の本質にねじれが当初より存在していたことは否めないであろう。またミクロ的には，イエズス会の動きを前提とするか。ちなみに，王立協会史に関するスタッブズの小さな批判書 *Campanella revived, or an Enquiry into the History of the Royal Society*, etc., 1670, pp. 2–4 を見ると，グランヴィルとともに批判の対象となったトーマス・スプラート（1635–1713年。イングランドの聖職者で，王立協会の創設メンバーの1人）が，その王立協会史において，カトリック教徒にさえ協会の門戸を開くべきとする趣旨を述べていることにスタッブズは触れ，イエズス会士はその主張を大いに歓迎するであろうと皮肉っている。

〔二三〕 1634年。

〔二四〕 メルセンヌ神父（1588–1648年）はフランス出身のミニモ会（パオーラのフランチェスコ創設）修道士。所属修道院では哲学と神学を教えたが，ガリレオ流の新科学にも深い関心を示した。当時のヨーロッパにおける最高の知性たちと交流を深めたことから，近代科学の確立と推進に大きな貢献をすることになった。

〔二五〕 トーマス・ブラウン（1605–82年）はイングランドの医師，文筆家。当時の宗教的混沌の中で，マニュエルが引用する『医師の宗教』などによって寛容の精神を説いたとされる。

〔二六〕 フランシス・ウィラビー（1635-72年）はイングランドの動物学者で，ジョン・レイの弟子の1人。『魚類誌』は彼の未完の遺著であったが，師のレイが完成させている。

〔二七〕ヘンリー・モア（1614-87年）はイングランドの詩人哲学者。ケンブリッジ・プラトン学派の代表的学者でもある。マニュエルがここで念頭に置くモアの著書は，彼の哲学詩集 *Philosophicall Poems, a Platonick Song of the Soul*; etc., 1647 か。

〔二八〕 リチャード・ベントリー（1662-1742年）はイングランドの古典文献学者。1692年のボイル講演で合理主義の立場からキリスト教擁護を試み，ニュートンに注目された。この講演記録は同じ年に *Matter and Motion cannot think; or, A confutation of atheism from the faculties of the soul*, etc. として出版されたが，ここでマニュエルが言及しているのはこれである。

〔二九〕 サミュエル・クラーク（1675-1729年）は英国国教会の聖職者。マニュエルが言うのは，2回のボイル講演のことであり，そこでクラークはロックの経験論に反論を加えた。

〔三〇〕 ウィリアム・ダラム（1657-1735年）はイングランドの聖職者で，王立協会の会員でもあった。マニュエルが引用した著書の延長線上で，1715年には，*Astro-Theology: or, a Demonstration of the Being and Attributes of God, from a Survey of the Heavens* も出版している。

〔三一〕 ジョージ・チェイン（1673-1743年）はスコットランド出身の医師。彼とニュートンとの関係については，ウェストフォール『アイザック・ニュートン』（特に邦訳第2巻196頁以下〔原書 p.639〕）を参照のこと。

〔三二〕 ガレノス（129-199または216年頃）はヒッポクラテスと並び称される古代の医学者。人体以外の動物解剖を行なって医学の分野に実証的方法を導入し，また自ら得た解剖学的知識と哲学的理論を基礎として体系的医学の構築を目指した。こうした彼の医学は17世紀にまで影響が及んだ。

〔三三〕 ピエール・デ・メゾー（1673-1745年）はフランスやオランダの雑誌を主な寄稿先として活躍したイギリスの文筆家。

〔三四〕 トーマス・バーネット（1635-1715年）はイングランドの牧師，チャーターハウス校教員。マニュエルがここで言及する，地球形成論として書かれた『聖なる地球論』*Telluris Theoria Sacra: Orbis Nostri Originem & Mutationes generales, quas aut jam subiit, aut olim subiturus est, complectens. Libri duo posteriores De Conflagratione Muni et De Futuro Rerum Statu* は1681年にまずラテン語で出版され，17世紀イングランドで書かれた地質学研究の中で最も読まれた書物となった。1684年には英訳（*The Theory of the Earth: Containing an Account of the Original of the Earth, And of All the General Changes Which it hath already undergone, Or is to Undergo Till the Consummation of all Things*）も出版された。彼の主眼は「大いなる深

遠の源がことごとく裂け，天の窓が開かれた」（『創世記』7, 11 参照）ことを科学的に論じるところにあり，地球が卵の殻に似て凹凸のない球体であったこと，ノアの大洪水の時に地球内部の水が地表に噴出すると同時に割れた地球の殻の一部が山を形成したこと，また赤道の位置もずれたこと，などが具体的に考察されている。これらの仮説は当時の大きな関心を引き，後の地質学にも影響を与え続けたが，英国国教会の高位者たちの中には強く批判する者もあった。なお，マニュエルが述べている問題については，同書第 3 巻の，特に第 9 章を参照のこと。

〔三五〕 ジョン・ウッドワード（1665–1728 年）は化石研究を初めて本格的に行なった研究者として認知されている。その研究の目的はマニュエルが述べる通りであった。

〔三六〕 ジョン・キール（1671–1721 年）はエディンバラ生まれの数学者，天文学者。キールとホィストンとの間には，1698 年に，ホィストンの地球論に関する著書をめぐって学問的応酬があった。キールが *An Examination of Dr. Burnet's Theory of the Earth Along with Some Remarks on Mr. Whiston's New Theory of the Earth* を出版し，特にその後半の Some Remarks において詳細にホィストン理論を批判した（その最終頁〔224 頁〕は挑戦状を叩きつけた観がある）のに対して，ホィストンはただちに *A Vindication of the New Theory of the Earth from the Exceptions of Mr John Keill and others* をもって反論を行なっている。

〔三七〕 著者はフリードリッヒ大王やヴォルテールとも親交のあったイタリア人貴族フランチェスコ・アルガロッティ（1712–64 年）で，彼はディレッタント哲学者であった。原著タイトルは *Il Newtonianismo per le Dame, ovvero Dialoghi sopra La Luce, I Colori, e L'Attrazione*〔貴婦人のためのニュートン科学，または光，色彩，そして引力に関する対話〕である。1737 年に出版されたが，出版後ただちに英訳（*Sir Isaac Newton's Philosophy explained for the Use of Ladies*, 1739）を含めて 6 ヵ国語に翻訳された。ニュートン科学の通俗化として最初に成功した作品と評価されている。

〔三八〕 ヨハン・ゴットフリート・ヘルダー（1744–1803 年）はドイツの思想家，文学者。カントの弟子の 1 人として知られる。

〔三九〕 古代アテネの市政執行官（プリュタネイス）が集った会議場。

〔四〇〕 アイザック・カソーボン（フランス語の読みによるとイザク・カゾボン。1559–1614 年）はフランスに生まれ，イギリスで活躍した古典学者，神学者。ニュートンは *Animadversionum in Athenaei Dipnosophistas*, 1600 を所蔵していた（cf. Harrison, p. 115）。

〔四一〕 ミヒャエル・マイヤー伯爵（1568 頃–1662 年）は神聖ローマ皇帝ルドルフ 2 世の侍医。錬金術書を出版したほかに，秘密結社も設立したとされる。ニュートンは彼の主著 *Theatrum Chemicum Britannicum ...*, 1652 を

所有している（cf. Harrison, p. 91）。

〔四二〕 ラツァルス・ツェッツナー（1585–1616年）は *Theatrum Chemicum Praecipuos Selectorum Auctorum Tractatus De Chemiae Et Lapidis Philosophici Antiquitate, veritate, jure, praestantia, & operationibus, continens ...* という，200以上の錬金術書を集大成した書物を編纂したことで知られる，シュトラースブルクの出版業者。ニュートンもこれを所蔵しており，ハリスンの報告によればこれを綿密に読んでいる（cf. Harrison, p. 249, p. 265）。

〔四三〕 エリアス・アシュモール（1617–92年）はいわゆるvirtuosoと称される，占星術を中心に研究したディレッタント学者。

〔四四〕 薔薇十字団の基本文書とされるもの。『全世界の普遍的かつ総体的改革』（1614年），その付録の『薔薇十字団の伝説』，『信条』（1615年），および『化学の結婚』（1616年）を，ニュートンはその英訳版によって所蔵していた（cf. Harrison, p. 229)）。

〔四五〕 クリスティアン・クノール・フォン・ローゼンロート（1636–89年）は，ヨハネス・バプティスタ・ヴァン・ヘルモント（ベルギーの医者，化学者，自然哲学者，神秘思想家。1579–1644年）やヘンリー・モアの強い影響を受けて自然哲学や神智学やカバラの研究を開始したが，彼の主著となった『解明されたカバラ』によって，当時カバラの第一人者として高く評価されていた。ヘブライ語のカバラを初めてラテン語に翻訳したこの大著は，19世紀に至るまでカバラに関する重要な基本資料として扱われている。

〔四六〕 トーマス・ヴォーン（筆名エウゲニウス・フィラレテス。1622–66年）はイギリスの錬金術師。イングランドに入ってきた薔薇十字団に入会後，1652年に『友愛団の「名声」と「告白」』を編集した。この書は友愛団（薔薇十字団のこと）の趣意書となったが，1615年にドイツで出版されたヨハン・ヴァレンティン・アンドレーエ（神学者。1586–1654年）の『友愛団の名声』（薔薇十字団の伝説的始祖クリスティアン・ローゼンクロイツの生涯を哲学的に描いたもの）に依拠したものである。なお，第II章原註（28）も参照のこと。

〔四七〕 旧約『民数記』14章1–38節や16章などを参照のこと。

〔四八〕 ヘンリー・オルデンバーグ（1615/1618?–77年）はドイツ出身の，イングランドで活躍した科学ジャーナリスト的存在である。ヨーロッパの科学者たちの相互交流を推進した。

〔四九〕 ジョゼフ・グランヴィル（1636–80年）はイングランドの聖職者，哲学者。当時の新科学を高く評価する一方で，遺著となった *Saducismus Triumphatus; or, Full and Plain Evidence concerning Witches and Apparitions*, 1681を著して魔術や魔女問題にも強い関心を示した。その学問的関心の

持ち方からして，17 世紀後半に典型的なイギリス知識人階層の 1 人である。

Ⅲ　古代の破戒者・近代の破戒者

〔一〕　パアン－シャンプラン・ドゥ・ラ・ブロンシュリー（フランメ・クロード・カトリーヌとも名乗った。1752–1811 年）はさまざまな偽名を用い，特に美術評論の分野で活躍したフランス出身の文筆家である。

〔二〕　ブレー自身のスケッチはインターネット上（たとえば http://arch.utexas.edu/AV/ARC 318＋/classwrk/Lect 21/cenotaph.html）で見ることができる。また，コロンビア大学の学生がそのスケッチをもとに，コンピュータ・グラフィクスを使ってよりリアルに再現したものが，GSAP online（http://www.arch.columbia.edu/gsap/16213）にあるので参照されたい。

〔三〕　王立協会のモットーであり，現在もその紋章にこの句が掲げられている。ホラティウスの『書簡集』1, 1, 14（nullius addictus iurarae in verba magistri, ...〔師の言葉であろうとも黙従する義務はない，……〕）に拠っている。

〔四〕　幼児にとっての乳および大人にとっての肉の比喩は，パウロ書簡とされる『ヘブル人への手紙』5, 11–14 による。

〔五〕「テモテへの第 2 の手紙」が正しい。ニュートン自身の記憶違いか誤植か，今のところ訳者は詳らかにしていない。

〔六〕　ニュートンが言及するテオドシウスは 1 世のことであり，379 年から 395 年まで在位したローマ皇帝である。彼は 380 年から翌年にかけてキリスト教の国教化を趣旨とする勅令を発し，それ以降に反カトリック的異端を弾圧する勅令も出していった。

〔七〕　チャールズ・ブラント（1654–93 年）はイングランドの理神論者。霊魂不滅を懐疑的に論じ，良心の自由を主張するなど，当時の思想界において大きな反響を呼んだ。彼の死後に出版された共著論文集 *The Oracles of Reason*, 1693 は神学思想史において重要な文献の 1 つとされる。

〔八〕　アンソニー・コリンズ（1676–1729 年）はイングランドの理神論者。行政官を務めた後，親交を結んだジョン・ロックの思想に共鳴し，彼もまた理性が信仰の基礎であることを主張。神学思想に関しても教会の干渉を否定し，自由主義者に徹しようとした。ニュートンは彼の（ただし出版時には匿名）*A discourse of the Grounds and Reasons of the Christian Religion*, 1724 を所蔵していた（cf. Harrison, p. 122）。

〔九〕　ジョン・トーランド（1670–1722 年）はイングランドの理神論者。ロックの思想に依拠しながら，キリスト教における神秘的要素の存在を否定した。彼の言動は学問的な議論であるよりも，政治的なアジテーションとみ

なされた。

〔一〇〕 *Two letters of Sir Isaac Newton to Mr. Le Clerc, late Divinity Professor of the Remonstrants in Holland: the former containing a dissertation upon the reading of the Greek text, I John, v. 7: the latter upon that of I Timothy, iii 16 published from authentick MSS in the Library of the Remonstrants in Holland. London: Printed for J. Payne ...*, 1754.または*An historical account of two notable corruptions of scripture in a letter to a friend,* in: *Isaaci Newtoni Opera Quae Extant Omnia. Commentariis illustrabat Samuel Horsley ... Tom. V*, pp. 495–550.

〔一一〕 デヴィッド・ブルースター（1781–1868年）はイングランドの物理学者であり，学問的に重要なニュートン伝の１つ *Memoirs of the Life, Writings, and Discoveries of Sir Isaac Newton*, 1855を書いた。

〔一二〕 H. McLachlan, *Sir Isaac Newton Theological Manuscripts*, 1950.

〔一三〕 ジョン・ロックが1694年に書いた神学論文。

〔一四〕 トーマス・エムリン（1663–1741年）はイングランドの聖職者。ユニテリアンを公言して瀆神罪に断じられ投獄された。

〔一五〕 ホプトン・ハインズ（1672–1749年）は1687年に王立造幣局入局後，貨幣鋳造専門官となる。ユニテリアン。ニュートンとの人間関係については，ウェストフォール『アイザック・ニュートン』（邦訳第２巻，特に110–112頁〔原書pp. 559–61〕）を参照のこと。

〔一六〕 ザムエル・クレル（1660–1747年）はドイツでソッチーニ派ユニテリアンの説教者として活躍し，イングランドやオランダにも伝道旅行を試みた。

〔一七〕 アタナシウス派。父なる神と子なるキリストの関係についてアリウス派が説く「ホモイウシオス〔類似本質〕」論を否定するために，「ホモウシオス〔同一実体〕」という哲学的用語を導入した。

〔一八〕 ヨハネ福音書20, 27。

〔一九〕 創世記32, 23–33参照。

〔二〇〕 モリエールの喜劇の主人公。

〔二一〕 コンスタンティヌス（１世，280–337年）は初めてキリスト教を公認したローマ皇帝であり，キリスト教公認を内容とするミラノ勅令を発した正帝リキニウス（？–324年）の副帝であった。彼らは帝国を二分したが不和となり，320年頃からキリスト教を弾圧したリキニウスはコンスタンティヌスと戦って敗北し，324年に処刑された。

〔二二〕 サミュエル・バトラー（1612–80年）はイングランドの風刺詩人。『ヒューディブラス』はピューリタンの偽善や独善を暴露し，彼らを痛烈に批判した風刺詩であるが，当時の王党派からは絶大な支持を得たという。彼には王立協会を風刺した作品もあり，ニュートンがバトラーの作品を所

蔵していたのも，批判（望遠鏡が登場するのでニュートン批判とも取れる）を気にしてのことか。

〔二三〕　神学では「神が与えた以上の仕事」を意味する。

〔二四〕　ローマ人への手紙 11, 25 以下。

〔二五〕　ヨハネ黙示録 13, 7。

〔二六〕　ヨハネ黙示録 17 章。

〔二七〕　シモン・マゴスはサマリアの生まれ，生没年不詳。シモンの教えについては，使徒行伝 8, 10 を参照のこと。

〔二八〕　フランシス・メルクリウス・ヴァン・ヘルモント（1614–99 年）はベルギーの錬金術師，カバリスト。父ヨハネス・バプティスタ〔第 II 章訳注〔四五〕参照〕の自然学を神智学的に捉えなおした。

〔二九〕『ツォハル』（正しくは「セーフェル・ハーツォハル」）は「輝きの書」の意味で，カバラの根本経典。モーセ五書や旧約文書の一部に関するカバラ的解釈の集成。

〔三〇〕　ルーリア・アシュケナージ（ラビ・イサァク・ベン・ソロモン・ルーリアとも称する。ヘブライ語の「ハ - アリ」は弟子たちが彼に与えた別称。1534–72 年）はエルサレム生まれのドイツ人カバリスト，ユダヤ神秘主義思想家。彼のカバラ解釈はユダヤ神秘主義研究に革命をもたらしたと評価されているが，一方で自らをメシアまたはエリアと信じた。思想的には新プラトン主義の影響を受けている。

〔三一〕　モーセス・デ・レオン（ヘブル名モーシェ・ベン・シェム・トーブ。1240–1305 年）はカスティーリャ生まれのカバリスト。『ツォハル』の編纂者と考えられている。その新プラトン主義的傾向から，当時のアリストテレス主義的ユダヤ教思想とは対立していた。

〔三二〕　シメオン・バル・ヨハイ（マニュエルは「バル」とするが，一般には「ベン」。2 世紀の人）は，ガリラヤでラビとして活動していたユダヤ神秘思想家。彼の弟子たちとともに『ツォハル』の著者とみなされている。

〔三三〕　12世紀のプロヴァンスの盲人イサークによる。永遠にして隠れた神の名称。

〔三四〕「セフィラー」（数えること）の複数形。神性が流出する十の領域。

〔三五〕　テモテ人への第 1 の手紙 1, 4 および 6, 20。

〔三六〕　エネルゲイアのこと。

〔三七〕　フリュギア（小アジア）地方の一派の意味。

〔三八〕「充満」を意味する，グノーシス主義の用語。神的存在によって満たされた超越的な光の世界である。

〔三九〕　原文は Ennaea であるが，文脈からしてギリシャ語の ennoia（知識・思考）でなければ意味が通らないであろう。

〔四〇〕　クラークが翻訳したラテン語版のことである。*Optice: Sive De reflexio-*

nibus, Refractionibus, Inflexionibus & Coloribus. Lucis Libri tres... Accedunt Tractatus duo eijusdem Authoris de Speciebus & magnitude Figurarum Curvilinearum.

ここでマニュエルが論じている，『光学』の掉尾を飾った「疑問」集の変更について一言しておくと，この版では17-23番の「疑問」が追加され，さらに英語第2版（1718年）において新たに8つの疑問（17-24番）が増えたため，それらのラテン語版疑問は英語第2版では（現在見られるように）25番から31番に移された。因みに，ラテン語版315頁において tanquam が現われる疑問は20番であるが，英語第2版などでは28番に相当する。

〔四一〕 tanquam を欠いた315頁のファクシミリは，http://dibinst.mit.edu/BURNDY/Collections/Babson/OnlineNewton/NewtoniaPDF/Opticks/Optice 1706. pdf において見ることができる。

Ⅳ 預言と歴史

〔一〕 ハギンズが購入した書籍目録については，John Harrison, *The Library of Isaac Newton* (1978), p. 30f. が詳しい。

〔二〕 ハリスンによれば6冊（cf. Harrison, p. 33)。マニュエルが落としている本は，*Ripleij Opera omnia chemica Casselis*, 1649である。

〔三〕 サムエルは旧約に出てくる，前11世紀の祭司。預言者的存在でもあり（サムエル記上第3章を参照のこと)，最後の士師〔神から遣わされたイスラエルの救済者〕ともされる（サムエル上7, 15-17参照)。ガドはイスラエル・ユダ王国時代（前10世紀）の「ダヴィデの預言者であり先見者」（サムエル下24, 11以下参照）である。またエズラはバビロニア捕囚時代（前6世紀）の祭司，書記。458年（または398年）に捕囚されたユダヤ人をエルサレムに導いたとされる（エズラ7, 7-11参照)。

〔四〕 ヨシュアは「モーセの従者」（ヨシュア1, 1）とされる。

〔五〕 いわゆる「モーセ五書」（『創世記』，『出エジプト記』・『レビ記』・『申命記』・『民数記』）のこと。

〔六〕 オクスフォード大学付属図書館の名称。

〔七〕 ヨセフ・キムキ（ベン・イツハーク。1105頃-70年頃）は，南フランスでヘブライ語文法研究や旧約聖書註解に携わったユダヤ人学者。同業のモーシェおよびダウィド兄弟の父。ヨーロッパにおいて最初の体系的ヘブライ語文法書を書き，またキリスト教神学を批判した最初の人としても知られている。

〔八〕 アブラハム・イブン・エズラ（ベン・メイルとも称する。1092/93-1167年）はスペインのユダヤ人聖書学者，文法学者。当時としては新しい科学

的方法によって聖書註解書を著し，旧約註解学の黄金時代をもたらした。

〔九〕 ベルンハルト・ヴァレニウス（1622–50 年）は日本学を含む，さまざまな研究を試みた後，最期の年に *Geographia Generalis* を出版した。この書物によって，彼は科学的地理学の祖となった。ニュートンが編集したのは，*Bernardi Vareni med. d. Geographia generalis, in qua affectiones generales telluris explicantur, summa cura quam plurismis in locis emendata, & XXXIII schematibus novis, aere incisis, una cum tabb. aliquot quae desiderabantur aucta & illustrata,* 1672 である（cf. Harrison, p. 255）。

〔一〇〕 ディオニュシウス（1583–1652 年）はフランスのイエズス会士。教義学史や年代学を研究した。本名は Denis Petau（ドニ・ペトー）であるが，これをラテン語形にして Dionysius Petavius と呼ばれることもある。ニュートンが所有していたのは，*Abrégé chronologique de l'Histoire universelle sacrée et profane. Traduction nouvelle, suivant la dernière éd. latine. Nouvelle éd. continuée jusqu'à présent*, 1715; *Opus de theologicis dogmatibus, auctius in hac nova editione... notulis T. Alethini*, 1700; *Rationarium temporum, in partes duas, libros XIII, distributum. Ed. ultima,* 1694 で あ る（cf. Harrison, p. 214）。

〔一一〕 ヘリット・ヤンス・ヴォス（原著では英語的に Gerard John Vossius と表記されているが，Gerrit Jansz Voss というオランダ語表記に従った。ラテン語的に Gerardus Johannes Vossius とする表記の仕方もある。1577–1649 年）は，アムステルダムで活躍した人文主義神学者。ラテン語文法や教理史などに関する著書がある。ニュートンが所有していたのは，*De historicis Graecis libri IV; ed. altera, priori emndatior, & multis partibus auctior,* 1651; *De historicis Latinis libri III. Ed. altera, priori emendatior, & duplo auctior,* 1651; *De theologia Getili, et physiologia Christiana; sive De origine ac progressu idololatriae... liber I, et II,* 1641; *Oratoriarum institutionum libri VI. Ed. 2a ab autore recognita & altera parte aucta,* 1617 である（cf. Harrison, p. 258）。

〔一二〕 ピュロン（前 360–270 年頃）は「懐疑派の祖」とされるギリシャの哲学者。

〔一三〕 レオポルト・フォン・ランケ（1795–1886 年）はドイツの歴史学者。彼は史料批判的方法を確立し，近代的歴史学研究を開拓した歴史家の 1 人である。過去を客観的に認識するために，認識主体である歴史家の主観を排するべきことを主張した。ロマン主義的ランケ歴史学を，ガダマーなどは歴史主義と批判している。

〔一四〕 「第五王国結社員」はクロムウェル時代に現われた狂信的キリスト教徒。キリストの再来が間近いことを信じ，暴力によって「第五王国」建設の準備にかかること，キリストの王国以外の国家への忠誠を拒否すること

がキリスト教徒の責務である，と熱狂的に説いた。

〔一五〕 第五王国結社員のこと。

〔一六〕 ミシュナは口伝律法の集成。原意は「繰り返し」のこと，転じて「学習」。前2世紀頃から約400年の間に，絶対的権威のある「モーセの律法」以外に，現実に即した規定を作るため，律法学者たちが「学習」し発展させた。

〔一七〕『ポルタ・モーシス』（*Porta Mosis, sive Dissertationes aliquot a R. Mose Maimonide, suis in varias Mishnaioth, sive textus Talmudici partes, commentariis praemisse, quae ad universam fere Judaeorum disciplinam aditum aperiunt. Nunc primum Arabice prout ab ipso Autore conscriptae sunt, & Latine edita. Una cum appendice notarum miscellanea, opera & studio Edvardi Pocockii linguarum Hebraicae & Arabicae in academia Oxoniensis professoris*, 1654–1655）は，マイモニデス（第II章訳注〔二〕参照）によるミシュナ註釈『光明の書』（1168年）の冒頭6巻を，ポーコック（第II章訳注〔一一〕参照）が編集し，翻訳を付したものである。同書はヨーロッパのオリエント研究に大きな影響を与えた。ニュートンもこれを所蔵していた（cf. Harrison, p. 219）。

〔一八〕 ルカ福音書12, 56による。

〔一九〕 ジョーゼフ・ミード（1586–1638年）はイギリスの神学者，哲学者，古典文献学者。著書に*Clavis Apocalyptica*があるが，これは長い間英国国教会の神学研究を代表する作品の1つとされた。ニュートンは1672年に出版されたミードの著作集を所蔵していた（cf. Harrison, p. 189）。

〔二〇〕 ヘンリー・ハモンド（1605–60年）は英国国教会の神学者。*Practical Catechism*, 1645によって名声を得た。

〔二一〕 ジョン・ワージントン（1618–71年）はケンブリッジ・プラトン学派の1人で，アルミニウス主義的神学者である。

〔二二〕 ジョン・ネィピア（1550–1617年）はスコットランド貴族で，政治・宗教問題を論じる一方で，ディレッタントとして余暇に数学を研究した。死の年に「対数表」を発表しており，対数の発見者とされる。

〔二三〕 ハリソンによれば，ニュートンはこの著作集を所有していない。

〔二四〕 ヨハネス・スライダヌス（ドイツ名はヨハン・シュライデン。1506頃–56年）はドイツの歴史家。主に宗教と政治の問題関心から，自らの活動を展開していった。ニュートンの蔵書には，彼の主著であるカール5世治下の宗教改革史のほかに，この『四王国について』*De quatuor monarchiis*も入っている（cf. Harrison, p. 239）。

〔二五〕 ダニエル第4章。

〔二六〕 黙示録21, 2および21, 9以下参照。

〔二七〕 ダヴィデ王時代のエルサレム。

〔二八〕 これらの手稿については，本書の「補遺A」，H. McLachlan, *Sir Isaac Newton Theological Manuscripts*（1950）, p. 119–126，および http://www.newtonproject.ic.ac.uk/texts/yah 1–1 n.html などを参照されたい。

〔二九〕 ユダヤ人にとって「聖書」と呼べるものは本来ヘブライ語（一部アラム語）で書かれた文書のみなのであるが，ヘブライ語のアルファベットは子音しかなく，発音の時に必要な母音は口伝によっており，そのためヘブライ語が死語になっていくと，ユダヤ人にとって唯一の聖典であるべきものが読めなくなってしまう。そこで，マソラ学者たちが良好な旧約テクストの保存を行なうだけではなく，母音の口伝が行なわれなくなった時代においても読めるように母音符号をテクストに加えた。これを「マソラ本文」と呼ぶが，テクストが確立したのは7世紀以降だと言われている。今日出版されている多くのヘブライ語旧約聖書は，これに従ったものである。*Biblia Hebraica Stuttgartensia, quae antea cooperantibus A. Alt, O. Eissfeldt, P. Kahle ediderat R. Kittel, Editio Funditus Renovata*, 1997 参照。

〔三〇〕 ジョン・ミル（1645頃–1707年）はイングランドの神学者。ギリシャ語新約聖書の，すぐれた校訂本 *Novum Testamentum Graecum. Cum lectionibus variantibus MSS. exemplarium, versionum, editionum SS. patrum et scriptorum ecclesiasticorum, et in easdem nolis*, 1707 を編集したことで知られる。ニュートンもこれを所蔵している（cf. Harrison, p. 102）。

〔三一〕 ナターリス・コメス（ナターレ・コンティという場合もある。1520頃–82年）はイタリア生まれの哲学者，神話研究者。科学や哲学の真理を冒瀆から守るために，古代エジプトやギリシャの人々はそれらを神話のヴェールで覆う必要があったのだと考えた彼にとって，古代哲学の研究は神話を研究することになるのであった。

〔三二〕 チェーザレ・リーパ（1560頃–1620年頃）はイタリア出身で，アレゴリーを集大成した書『イコノロジア』（1593年）の著者として知られる。この書は長らくヨーロッパの絵画に大きな影響を与えた。

〔三三〕 ヴィンチェンツォ・カルターリ（1500年頃の生まれか）はイタリア生まれの神話研究家。ヨーロッパで初めて古代の神話象徴を集大成し，その成果を百科事典的な書 *Le Imagini de i Dei de gli Antichi*, 1581 にまとめた。これは，ルネッサンスの画家たちが神々やさまざまな神話的象徴を描く上で，欠かせぬ手引書ともなった。

〔三四〕 ベネディクトゥス・アリアス・モンタヌス（1527–98年）はスペイン出身のオリエント学者，聖書註釈者。1571年から10年かけてポリグロット聖書の編集を行なったが，テクストを改竄した容疑で宗教裁判に告訴された。ニュートンは彼の主著 *Antiquitatum Iudaicarum*, 1593 のほかに，*Elucidationes in omnia Sanctorum Apostolorum scripta. Eiusdem in S.Ioannis Apostoli et Evangelistae Apocalypsin significationes*, 1588 や *Elucidationes in*

Quatuor Evangelia, Matthaei, Marci, Lucae & Iohannis. Quibus accedunt eiusdem elucidationes in Acta Apostolorum, 1575を所有していた（cf. Harrison, p. 194f.）。

〔三五〕 ヨアンネス・ツェツェス（12世紀。生没年不詳）はビザンティン時代の文学者，文献学者。彼自身の教訓詩なども残したが，そのギリシャ古典の校訂と註釈によって今日の文献学に大きく寄与している。

〔三六〕 ラトナ（ラテン名。ギリシャではレトと呼ばれる）はアポローンとアルテミスの母。リュキア（小アジアの地方）に伝わる神話によると，ラトナは2人の子供をリュキアの泉で洗おうとしたが，羊飼いに邪魔をされたので，彼らを蛙に変えた（オウィディウス『変身物語』6, 313参照）。

〔三七〕 カルロ・シゴーニオ（1524–85年）はイタリアの人文主義学者。古代ローマの歴史や古典を研究し，イタリア各地の大学で教授職に就いた。生前から第一級の古代研究者との評価を得ていた。ニュートンは *Historiarum de Occidentali Imperio,* 1593と *Historiarum de Regno Italiae*, 1591の2冊を所蔵していた（cf. Harrison, p. 238）。

〔三八〕 カエサル・バロニウス（1538–1607年）はカトリックの教会史家，枢機卿。プロテスタント（ルター派）のフラキウス・イリュリクス（1520–75年）による反カトリック的教会史に反駁するため，キリスト教会の通史 *Annales ecclesiastici libri xii* を学問的に厳密に書き進めた。1198年まで書き及んだところで死去した。ニュートンもこれを所有している（cf. Harrison, p. 94）。

〔三九〕 ニュートンの原文は time times and half a time であるが，ダニエル7, 25と12, 7によると「数」時期は「2」時期となっている。黙示録12, 14以下も参照のこと。cf. Isaac Newton, *Observations upon the Prophecies of Holy Writ, particularly the Prophecies of Daniel, and the Apocalypse of St. John*, p. 283. および Isaac Newton, *Opera Quae Exstant Omnia, Faksimile-Neudruck der Ausgabe von Samuel Horsley, London 1779–1785 in fünf Bänden*, Band 5（1964）, p. 467.

〔四〇〕 黙示録11, 3, 12, 6参照。

〔四一〕 黙示録21, 11参照。

補遺B

〔一〕 15節。

〔二〕 正しくは第2章。ニュートン自身の記憶違いか，それとも誤植かは不明。

〔三〕 ヴルガータ訳（日本聖書協会の口語訳も同じ）の節立てによる。新共同訳では6節となっているが，それはヘブライ語原典（七十人訳ギリシャ語旧約聖書も同じ）の節立てに従っているからである。

〔四〕 37, 25–28 が正しい。

〔五〕 21, 26。

〔六〕 黙示録 20, 2–9。

〔七〕 新しい天と新しい地については，イザヤ 65, 17 および 22。新しいエルサレムについては，イザヤ 62, 6–7 や 65, 18–19 など。

〔八〕 欽定訳イザヤ 54，15 による引用。新共同訳などの訳とは異なっている。

〔九〕 原文には WRITTEN lhyym TO LIFE とあるのだが，ニュートン独自の訳と思われる。ニュートンが主に利用している欽定訳では，当該個所は written among the living となっている。なお，ヘブライ語の lhyym〔ラハユーイム〕は，英語で直訳すれば the livings となろう。

〔一〇〕 ここは欽定訳の引用である。ニュートンは記憶に頼っているらしく，any thing that defileth or worketh abomination or a lye とするが，欽定訳では any thing that defileth, neither whatsoever worketh abomination, or maketh a lie となっている。われわれの訳はニュートンに従っている。

〔一一〕 ここでもニュートンは escaped を saved に変更しているが，欽定訳を見ると「escaped 逃れた」となっている。ヘブライ語旧約聖書は plyty (プリーテー)。ただしヘブライ語の plt には「救う」の意味も「逃げる」の意味もある。

〔一二〕 ニュートンの原文では，figure〔形〕という単語の fi の部分で終わっている。

《叢書・ウニベルシタス 873》
ニュートンの宗教

2007年11月 5 日　初版第 1 刷発行

フランク・E. マニュエル
竹本 健 訳
発行所　財団法人　法政大学出版局
〒102-0073 東京都千代田区九段北3-2-7
電話03(5214)5540 振替00160-6-95814
組版・印刷：平文社　製本：誠製本

Printed in Japan

ISBN978-4-588-00873-3

著　者

フランク・E（エドワード）・マニュエル
(Frank E. Manuel)

母校ハーヴァード大学にて Ph. D. を取得後，パリの政治社会高等学院 École des Hautes Études Politiques et Sociales に留学する．ハーヴァードやいくつかの政府機関などで働いた後，ブランダイス大学（1937–65，1977–86）およびニュー・ヨーク大学（1965–77）において教鞭を取った．1986年に引退してからは，亡くなるまでブランダイス大学の名誉教授の地位にあった．著書には，*The Politics of Modern Spain* (1938), *The Age of Reason* (1951), *The New World of Henri Saint-Simon* (1956), *The Eighteenth Century Confronts the Gods* (1959), *Isaac Newton, Historian* (1963), *Shapes of Philosophical History* (1965), *A Portrait of Isaac Newton* (1968), *Freedom from History* (1971), *The Changing of the Gods* (1983), *The Broken Staff: Judaism Through Christian Eyes* (1992), *A Requiem for Karl Marx* (1995), *Scenes from the End: The Last Days of World War II in Europe* (2000) など多数ある．

訳　者

竹本　健（たけもと けん）

法政大学文学部教授．専攻は法思想史．論文に，「裁判記録の中の John Hathorne, Assistant」（河合論集 3，2007），「ジョージ・バローズの裁判手続について」（法政大学教養部紀要，2000–03）など．また訳書には，バッハオーフェン『母権論』1～3（共訳．みすず書房，1991–95）などがある．

ニュートン力学の形成 『プリンキピア』の社会的経済的根源
ベー・エム・ゲッセン／秋間 実・他訳 ……3000円

ガリレオをめぐって
オルテガ・イ・ガセット／A. マタイス・佐々木孝訳 ……2700円

ガリレオ研究 ★第24回日本翻訳出版文化賞受賞
A. コイレ／菅谷 暁 訳 ……4800円

惑星軌道論
G. W. F. ヘーゲル／村上恭一訳 ……2400円

ルクレティウスのテキストにおける 物理学の誕生 河川と乱流
M. セール／豊田 彰 訳 ……3400円

幾何学の起源 定礎の書
M. セール／豊田 彰 訳 ……4700円

フッサール『幾何学の起源』講義
M. メルロ＝ポンティ／加賀野井・伊藤・本郷訳 ……6000円

コペルニクス的宇宙の生成 I～III
H. ブルーメンベルク／後藤・小熊・座小田訳 ……(I) 4400円／(II)(III) 未刊

ダーウィン, マルクス, ヴァーグナー 知的遺産の批判
J. バーザン／野島秀勝訳 ……5200円

アインシュタインと科学革命
L. S. フォイヤー／村上・成定・大谷訳 ……3800円

ラブレーの宗教 ★第40回日本翻訳文化賞特別賞受賞
L. フェーヴル／高橋 薫 訳 ……11000円

ソクラテスの宗教
M. マックフェラン／米澤 茂・脇條靖弘訳……6000円

十八世紀の文人科学者たち
W. レペニース／小川さくえ訳 ……1900円

自然誌の終焉 18世紀と19世紀の諸科学における文化的自明概念の変遷
W. レペニース／山村直資訳 ……3300円

神 罰
C. v. リンネ／W. レペニース他編／小川さくえ訳 ……4700円

＊表示価格は税別です＊